教育前沿：

『互联网+』视域下

高校英语教育研究

林艳琼 著

中国纺织出版社有限公司

内 容 提 要

本书属于研究"互联网+"视域下高等院校英语教育方面的著作，内容由高校英语教育基础、高校英语教育的教学组成、"互联网+"视域下高校英语课件制作、"互联网+"视域下高校英语课程设计、"互联网+"视域下高校英语自主学习教学及"互联网+"视域下高校英语教师的素质提升等部分组成。全书以高校英语教育为研究对象，分析了互联网时代信息技术和多媒体技术的发展对高校英语教学的辅助作用，并介绍了高校英语课件制作和课程设计的方法和策略。

本书对研究互联网时代高校英语教育的学者和从事教育教学创新方法研究的工作人员具有一定的学习与参考价值。

图书在版编目（CIP）数据

教育前沿："互联网+"视域下高校英语教育研究 / 林艳琼著 . -- 北京：中国纺织出版社有限公司，2022.10

ISBN 978-7-5180-9971-9

Ⅰ . ①教⋯ Ⅱ . ①林⋯ Ⅲ . ①英语－教学研究－高等学校 Ⅳ . ① H319.3

中国版本图书馆 CIP 数据核字（2022）第 197768 号

责任编辑：闫 星 责任校对：楼旭红 责任印制：储志伟

中国纺织出版社有限公司出版发行
地址：北京市朝阳区百子湾东里 A407 号楼 邮政编码：100124
销售电话：010—67004422 传真：010—87155801
http://www.c-textilep.com
中国纺织出版社天猫旗舰店
官方微博 http://weibo.com/2119887771
三河市延风印装有限公司印刷 各地新华书店经销
2022 年 10 月第 1 版第 1 次印刷
开本：710×1000 1/16 印张：13.5
字数：221 千字 定价：99.90 元

当今时代，受互联网信息技术迅速发展与普及的影响，人们所居住的社会环境和生活、学习的方式都发生了重大的改变，传统的"粉笔＋黑板"教学模式也受到了冲击。与此同时，人与人之间的交往范围也在不断扩大，来自不同国家、民族和地区人们之间的沟通与交流也越来越频繁，此时英语作为国际通用的语言是人们必不可少的交流工具，因而英语类型的人才仍然是国家和社会发展需要的人才，高校英语教育仍然肩负着为国家和社会培养英语人才的重任。互联网信息技术和多媒体技术的发展为高校英语教育的人才培养提供了机遇，更为英语教育教学模式、教学方法的改革提供了新的思路。

本书立足于互联网时代的大背景，从当前高校英语教育的教学目标和高校学生的群体特征出发，首先介绍了高校英语教育的相关知识，主要包括高校英语教育教学工作的理论基础和教学组成。例如，高校英语教育的原则、意义、目标以及语言学、教育学理论，高校英语教育的传统教学内容、教学模式和教学方法等，为下文分析和研究互联网时代高校英语教育的创新教学模式和教学方法做铺垫。随后从高校英语课件制作、高校英语课程设计角度出发阐述了互联网时代背景下多媒体教学课件的设计与制作，微课程、在线课程以及混合式学习课程的设计与实施，这些内容并没有完全否定传统教学模式的优势，而是结合了传统模式与现代技术的优点，提出了最符合高校英语教学工作开展的方法和模式。课件制作与课程设计都属于教学设计的相关内容，在介绍完这部分内容之后，本书又从教学方法角度出发介绍了符合互联网时代高校英语教育发展趋势的自主学习教学方法的选择与运用；无论是教学方法的选择与运用，还是教学设计的开展，都离不开英语教师这一角色的人为操作，因此本书在最后的章节特别介绍了互联网时代高校英语教师在教学工作开展过程中的角色定位和素质要求，以及提升素质的方法途径。

虽然本书在阐释和论述的过程中力求语言表达简洁，行文通顺合理，但由于笔者能力有限，书中还存在诸多不足之处，有待进一步完善，因此恳请广大读者批评指正。

林艳琼

2022 年 8 月

目录
Contents

第一章　导论

第一节　选题研究背景

一、互联网时代的必然要求

当今时代，互联网信息技术和多媒体技术的发展与应用给人们的学习、工作和生活的各个方面都带来了巨大的变化，这标志着互联网时代已经正式来临。互联网时代的来临对教育教学行业的发展造成了巨大的冲击，我国的教育事业正参与到基于互联网信息技术的伟大变革中。中国高校英语教育教学工作也要紧跟时代的潮流，顺应时代发展的方向，不断学习新的教育理念，创新教学方法和教学模式，进行传统与现代的融合，逐步迈向教育的新境界。我们要坚信互联网时代会给教育行业的发展带来一番新的景象。

互联网教育提倡的平等、开放与分享理念将会由浅至深、由表及里地革新传统教育模式的不足之处，促进教育资源的公平分配；互联网教育会带来教育理念、教育模式、教育方法、学习方式等方面的改革与创新，尤其在满足学习者个性化、差异化学习需求方面更是具有独特的优势。当然，当前国内的互联网教育发展得还不够成熟，还没有一个可以复制的模板供各个教育工作者学习和参考，并且沿用多年的传统教学模式和学习模式的改变也需要时间。所有这一切都决定了互联网教育的发展任重而道远。

二、英语学科发展的方向与趋势

根据《大学英语课程教学要求》中对教学目标的规定，英语学科的发展方向应趋向于培养学生的英语语言技能和英语综合运用能力。因此，英语教师不仅要传授给学生基本的语言基础知识和应用技能，还要培养学生的跨文化语言交际能力和自主学习的能力，促进学生的智力开发和思维成长。教师还应帮助学生培养健全的人格、良好的学习习惯，激发学生学习英语的兴趣，注意语言知识和生活实践的结合。总而言之，教师要转变自己的教师角色，就要以培养和提高学生的英语综合运用能力为目的。

三、传统教学模式需要改变

在传统的课堂教学模式下，教师会无意识地将自己的关注点放在表现优秀、成绩较好的学生身上，这对英语基础较为薄弱、英语语言能力水平不高的学生来说本身就是一种差别对待。长此以往，学生的整体水平差异只会更加明显，学生的不满情绪也会增长。伴随着互联网教育的发展，这种错误的教学模式被逐渐打破。在在线课程学习过程中，学生的地位会更加平等，学生的主体角色也会更加突出。

对教师而言，互联网信息技术的发展要求他们重新定位自己的教学角色、转变自己的教学角色，并不断学习新的教学理念和教学技术，教师要站在学生的角度去思考、去转变，努力打造师生共同体，创建更有利于学生的互联网教育情境。

四、互联网时代对教师的要求

互联网时代对教师的角色定位和教学能力提出了新的要求：教师应该能够运用互联网在线学习系统授课、备课、制作在线学习课程、设计在线练习、批改学生作业；应该掌握一定的信息技术、多媒体技术和视频、动画制作技术；应该具备一定的创新能力和学习能力，能够帮助学生开展网络在线学习等。

第二节　选题研究意义

"互联网+"视域下高校英语教育研究的主要意义在于促进当前高校英语教育事业的发展，为众多高校英语教育教学工作者提供新的教育理念和教学方法。具体分析，该选题研究具有重要的理论意义和实践意义。

一、理论意义

互联网时代的高校英语教育要转变传统的教学思路和教学模式，充分运用网络信息技术、多媒体技术等多种技术手段开展英语教学和自主学习活动。互联网时代的高校英语教育具有丰富的内涵，并不是简单地录制一个教学视频让学生观看。互联网时代的高校英语教育具有以下三个方面的特质。

（一）师生分离状态

互联网时代的高校英语教育作为一种全新的教学模式，主要借助互联网和多媒体技术进行教与学，与传统的课堂面授不同，师生之间经常处于一种分离的状态，但这并不意味着教师完全依靠互联网进行教学，教师还需要进行面授教学，但在面授教学过程中，教师也可以使用多媒体课件辅助教学。

（二）时间地点安排

在互联网时代，高校英语教育教学活动的开展可以不受时间和空间的限制，因为学生课堂学习的时间有限，所以他们可以在课余时间利用在线学习资源进行自学，学习的地点也不限于教室，学生可以在学校的宿舍、图书馆、机房，甚至自己家中学习。

（三）满足个性化需求

尽管"因材施教"是高校英语教学的基本教学原则之一，但现实是，在传统的课堂教学模式下教师要同时面对众多学生讲授同样的内容，往往不能兼顾所有学生的学习效果和学习状态；而学生也不能自主选择自己想要学习的、感兴趣的知识内容。而网络在线课堂则放大了学生的主体意识，学生可以根据自己的水平能力和学习习惯、学习进程选择适合自己的学习内容。

二、实践意义

互联网时代高校英语教育开展的重要实践意义在于转变了英语教师的教育理念和教学模式。按照传统的教育理念,教师这一角色应是高高在上的,教师决定课堂教学内容和教学方法,教师讲什么,学生就要学什么,教师怎么讲,学生也不会参与方法的设计。而互联网信息技术的发展导致高校英语教育中学生的主体地位得以提升,学生可以参与到教学内容和教学方法的设计中来,教师的服务功能体现得更加明显。但教师也不用害怕地位下降,因为互联网时代教师可以把自己的授课视频上传到网络上供更多的学生借鉴与学习,如果讲得好的话,就会被更多人关注,随着人气的积累,进而成为大家心目中的名师,这在一定程度上拓宽了自己的职业发展道路,是一种工作优势。

与此同时,互联网时代高校英语教育开展的重要实践意义还体现在教学模式的创新与变化上。在传统的教学模式下,教师和学生将大部分时间用在课堂学习上,学生在对所学知识没有预热的情况下去听讲,往往会产生各种疑问,但课堂时间宝贵,教师没有办法为学生一一解答;学生带着太多疑问去学习,学习效果和效率都会大打折扣。但互联网时代下的高校英语教育,学生的学习不受时间和地点的限制,学生可以先在线预习课程内容并整理自己的问题,然后在课堂上与教师、同学交流自己的疑问,通过同学之间的相互讨论和教师的答疑解惑,充分发挥学生的主体性。

第三节　选题研究内容与方法

一、选题研究内容

当今时代,互联网信息技术飞速发展并时刻影响着人们的生产和生活,互联网以其全新的发展优势进一步推进了各行各业的创新发展,其中就包括高等教育,尤其是高校英语教育。本书针对当前高校英语教育急需培养适应互联网时代发展的综合素质人才这一现实问题,从当前高校英语教育的教学目标和高校学生的群体特征出发,结合语言本质理论、语言学习理论和教育学相关理论,分析和探讨了互联网时代高校英语教育的创新教学模式和教学方法以及互联网时代高校英语教师的角色定位及素质要求。

本书的研究主要包括以下七章内容：

第一章：导论。主要阐述了本书的研究背景，与本书主题相关的国内外研究现状，研究的意义、内容与方法以及研究的创新之处。

第二章：高校英语教育基础。本书此章节主要介绍了高校英语教育教学工作开展的理论基础，包括高校英语教育的基本原则、高校英语教育的重要意义、高校英语教育的教学目标、高校英语教育的教学定位以及高校英语教育的理论指导，并用以上科学理论作为本书的理论支撑。

第三章：高校英语教育的教学组成。本书此章节介绍了当前高校英语教育教学工作开展的基本内容，包括高校英语教学内容、高校英语教学模式、高校英语教学方法和高校英语教学设计，这部分内容为接下来"互联网+"视域下高校英语教育中的创新教学模式、教学方法和教学设计奠定了基础，指明了方向。

第四章："互联网+"视域下高校英语课件制作。本书从这一章开始入手介绍在互联网信息技术和多媒体技术发展影响下的创新教学设计。这一章共有三节内容，第一节先介绍了有关高校英语多媒体教学课件的基本知识，第二节进一步对高校英语多媒体教学资源的开发运用展开了论述，最后一节从设计与制作角度对高校英语多媒体教学课件进行了深层次的研究与介绍。

第五章："互联网+"视域下高校英语课程设计。本书此章节继续介绍高校英语教学设计的相关内容。相较于上一章多媒体教学课件的研究介绍，这一章所论述的课程设计则更多涉及互联网信息技术的应用和在线教学系统的分析，例如，高校英语微课程、在线课程的设计与实施，混合学习课程的设计与实施。

第六章："互联网+"视域下高校英语自主学习教学。本书此章节主要阐释了互联网时代高校英语的创新教学方法，即自主学习教学法。此章由三部分组成，分别是自主学习教学法的理论支撑、自主学习教学方法的选择、自主学习教学方法的实施。

第七章："互联网+"视域下高校英语教师的素质提升。本书最后一章主要介绍了互联网时代高校英语教师在高校英语教学工作开展过程中的重要作用。互联网信息时代，高校英语教师需要更新教育理念，重新审视自己身为新时代英语教师的角色定位和应具备的素质能力，不断学习和掌握新知识、新技术、新方法，发挥好教师的主导作用和辅助作用，促进学生的全面发展和素质提升。

二、选题研究方法

(一)调查法

作为现代科学研究中最为常用的方法之一,调查法是有目的、有计划、系统性地搜集和整理研究对象发展情况或现实情况的材料的方法。作者根据本选题所涉及的研究内容和研究方向,通过对本校以及周边几所高校的教师和学生开展问卷调查,搜集到了很多宝贵的意见信息。随后,作者将搜集到的信息资料进行分析、综合和归纳,转变成文章中的内容,为研究高校英语教学的在线课程设计以及高校师生对互联网教育的认知与评价提供了丰富的论证资源。

(二)文献研究法

文献研究法是根据相关研究选题和研究目的,通过调查和分析文献来获取资料,进而正确、全面地了解和掌握研究选题的一种方法。作者在编写本书之前查阅了大量的相关文献和书籍,进而了解和掌握了选题主要研究的互联网时代高校英语教育的发展现状和研究成果,并在此基础上得以立题,进而分析和讨论本书关注的若干问题。

(三)对比分析法

对比分析法也称为比较分析法,是把客观事物加以比较,以达到认识事物的本质和规律的目的,并以此作出正确的评价。"互联网+"视域下的高校英语教育与传统的英语课堂教育有着明显的差别,因此本书在论述"互联网+"视域下高校英语教育的教学方法、教学模式、教学设计等内容的过程中特别将其与传统的方法、模式与设计进行了对比分析,突出了其优势,也讨论了其单独使用的不足之处。

(四)个案研究法

个案研究法是选择研究对象中的某一特定对象进行调查分析,从而厘清其形成过程及特点的一种研究方法。作者在本书中以自己亲身教学的经历结合使用互联网信息技术、多媒体技术开展教学的经验,进一步阐明了互联网时代进行高校英语教育教学模式革新的必要性和具体方法,同时也对信息技术使用过程中需要注意的问题进行了探讨。

第四节 选题相关文献综述

本节主要介绍有关本书选题的国内研究现状，以明晰本书选题研究的重要性，为本书后续的研究奠定一定的基础。

一、文献搜索情况

从中国知网数据库查阅 2012～2022 年以"互联网英语教育"为主题的文献，可搜索到 186 条结果，其中期刊文献共 95 篇、硕博论文 2 篇、会议文章 2 篇，涉及高职英语教育的有 102 篇，涉及高校、大学英语教育的有 51 篇；以"互联网英语教学"为主题进行搜索可以搜索到 19 篇硕博论文、176 篇会议论文。就已有的文献种类和数量而言，我们可以看到，涉及互联网英语教育的文献数量是比较有限的，在这有限的数量中，硕博论文的数量更是比较少，且其中多数是关于高职英语教育的研究，关于高校、大学英语教育的研究比较少。

二、主要研究情况

在众多的文献综述中，本书特挑选出了几篇具有代表性研究意义的文章：

张元元的《"互联网+"时代的英语教学：机遇、挑战与应对》❶从英语教师、英语学习者、广大家长三个视角出发阐述了互联网时代给英语教学工作的开展带来的机遇和挑战，并提出了相关的应对策略，具有一定的参考价值；李敏的《"互联网+"视角下大学英语教育教学法研究》❷首先论述了"互联网+"对大学英语教育教学法的重要意义，然后分析了"互联网+"背景下大学英语教育教学法存在的不足之处，最后提出了创新大学英语教育教学法的具体操作，思路清晰，辩证合理；胡榕的《互联网环境下对英语教育专业建设的思考及其改革策略研究》❸介绍了互联网环境下英语教育专业发展的现状以及建设

---

❶ 张元元：《"互联网+"时代的英语教学：机遇、挑战与应对》，镇江，江苏大学,2019。

❷ 李敏：《"互联网+"视角下大学英语教育教学法研究》，内江科技,2019,40(11):93-95。

❸ 胡榕：《互联网环境下对英语教育专业建设的思考及其改革策略研究》，江西电力职业技术学院学报,2021,34(9):65-66.

英语教育专业的必要性，并据此提出了强化学生文化体验、丰富英语教育内容和构建英语资源体系的改革策略，论述合理，具有一定的现实意义。

陈子钧的《基于"互联网 +"背景下的信息技术与英语教学深度融合研究》❶介绍了互联网时代信息技术对英语教学的重要性，认为将信息技术与英语教学进行深度融合是未来英语教学发展的趋势，并阐述了信息技术与英语教学深度融合的方式和策略；刘海霞的《"互联网 +"背景下行业英语教学资源建设的研究》❷通过分析"互联网 +"背景下行业发展对行业英语教学的新需求以及行业英语教学方式和学生学习方式变革的新需求，认为传统教学资源难以满足"互联网 +"背景下行业英语发展的新趋势，因此提出了应借助互联网技术与信息技术的优势建设具有模块化、立体化、生成性与交互性特点的教学资源体系的观点。

第五节　选题研究创新之处

当今时代，"互联网 +"的概念已经渗透到人们学习、生活和工作的方方面面，包括高校英语教育教学工作的开展，高校英语教学无论在教学方法、教学模式还是教学设计方面，无论在词汇与语法、听力与阅读还是口语及写作方面，都无可避免地受到了很大的影响。而当前高校英语教学工作的开展又面临着很大的压力和挑战，国家的发展和社会的建设都需要高校能培养出更多具备较高英语素质和英语应用能力的人才。如何正视这种压力和挑战，如何将压力化为动力、将挑战化为机遇，促进高校英语教育事业的发展，促进学生综合素质的提升，是每一位高校英语教育教学工作者值得思考的问题。

然而，现阶段，"互联网 +"时代背景下的高校英语教育还没有得到足够的重视，更没有获得很充分的研究，无论是理论方面的研究还是实践方面的应用都存在需要进一步改善的地方。本书基于以上背景，采用调查法、文献研究法、对比分析法及个案研究法，深入研究了"互联网 +"视域下的创新教育理念，并且介绍了基于互联网信息技术和多媒体技术的多媒体课件制作

❶陈子钧：《基于"互联网 +"背景下的信息技术与英语教学深度融合研究》，广东教育学会 2019—2020 年度学术成果集，2020。

❷刘海霞:《"互联网 +"背景下行业英语教学资源建设的研究》,现代教育技术,2017(2):58—63。

方法、高校英语在线课程的设计与实施、高校英语自主学习教学方法的理论与实践以及高校英语教师需要具备的素质和素质提升的方法，为在"互联网＋"时代背景下开展高校英语教育教学工作提供了新的思路和办法，具有一定的创新性。

第二章 高校英语教育基础

第一节 高校英语教育的基本原则

高校英语教育需要坚持的基本原则可分为五项，如图 2-1 所示。

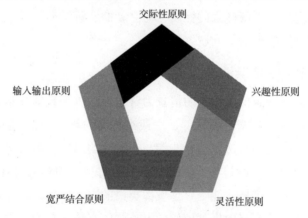

图 2-1 高校英语教育的基本原则

一、交际性原则

交际存在于人们的日常生活和工作中，没有交际社会便不能正常运转。那么交际到底是什么呢？研究表明，交际是在特定语境中说者与听者或者作者与读者之间的意义传递与转换，而语言是人们进行交际的重要工具，人们利用语言来传递信息、交流思想、分享情绪。英语作为一种国际化的语言，更是我们应该学习和掌握的工具。也就是说，学习英语的首要目的就是发挥英语的交际作用，因此英语教学的首要目标就是培养学生的交际能力。交际能力的核心就是人们能够利用自身掌握的各种语言知识和交际知识在不同的场合背景下与不同的对象展开有效的、得体的交际。

基于以上分析，高校英语教学应在教学过程中贯彻落实交际性原则，最终实现学生能用学到的英语知识与人顺畅交流的教学目的。为此，教师应做到以下四点：

（一）充分了解英语课程的性质

在传统的教学观念中，英语课程是一门需要学生掌握很多英语词汇和语法规则的语言学习课程，学习该课程的主要目的是应对教育部规定的学科考试。但事实上，英语课程首先是一门技能培养类的课程，掌握了英语就是掌握了一项语言技能，要把英语作为一种有效的交际工具来教、来学、来使用。在教学活动开展的过程中，教师的教、学生的学以及英语的使用三方面是一个相辅相成、不可分割的统一体，这个统一体的核心在于英语的使用。因此，教师要转变传统的教学观念，了解课程的性质，树立新的、科学的教学观念，这才是落实交际性原则首先要解决的问题。

（二）创设交际情景，在情景中教学

交际活动的进行需要以特定的情景为背景，构成情景的基本要素主要包括时间、地点、参与者、交际方式等，一般在特定的情景中，交际发生的时间、地点以及参与者本人的身份都会影响参与者说话的内容、语气等谈话因素。因此在开展高校英语教学的过程中，教师一定要将教学内容安排在一种现实的、有意义的情景之中，这样才能更好地发挥英语的交际作用，并且也会让学生有一种身临其境的感觉，从而提高他们学习英语的兴趣。总而言之，教师要想办法根据教学内容，充分利用学校提供的教学条件，创设出与日常生活息息相关的各种情景，开展具有交际性、真实性的英语交流训练活动，这样不仅能调动学生学习的积极性和主动性，还能做到学用结合。

（三）注意培养学生有效交际的能力

传统的英语教学只强调英语学习中语法结构的正确运用，而当前英语教学的主要目标是培养学生进行有效交际的能力。而根据交际性原则，良好交际能力的体现就是参与者在交际活动中能在适当的场合、合适的时间以恰当的表达方式表达出自己内心的想法，这一要求与第二点要求有着紧密的联系。教师只有不断地创设情景，组织学生开展多方面的交际活动，如角色扮演、话剧表演、影视剧台词配音等，才能帮助学生轻松应对各种场景，从而掌握地道的英语。

（四）注意教学内容和教学活动的真实性

语言的产生和发展与人们的现实生活密切相关，因此教学内容的确定和教学活动的设计必须贴合人们的现实生活。在英语教学中，要把英语这一语言的传授和学生关心的热门话题结合起来，要把一些题材广泛、内容丰富、贴近生活的信息材料融入教学内容中。与此同时，教学内容的真实性还要求教材中的语言和教师的课堂语言是真实的，也就是说以上两种语言应是实际交际过程中会使用到的语言，而不是专门为了教学活动而编创的语言。

二、兴趣性原则

常言道：兴趣是最好的老师。学生对学习的兴趣可以使学生积极、主动地去学习、去探索未知，最终获得较好的学习效果。学者周娟芬曾指出，学习兴趣在帮助学生学习方面具有四大优势功能：

（一）定向功能

学习兴趣作为一种影响学生学习过程的非智力因素，往往决定着学生选择的方向和努力的方向，因而可以为学生一生的事业奠定基础。

（二）动力功能

学习兴趣可以直接转化为学习的动力，当学生对英语学习感兴趣之后，就会充满学习英语的动力，甚至不用外界督促就能自主开展学习。

（三）支持功能

外语学习是一个长期的、复杂的过程，在这个过程中学习者需要掌握大量的语言基础知识和应用知识，这不是一件容易的事情，甚至会伴随着许多挫折和失败，学习兴趣具有引导学生战胜挫折、挑战自我的功效，因而对学习起着支持的作用。

（四）偏倾功能

人们通常会从自己的兴趣点出发观察事物、认知事物。这一现象体现在英语学习上就是每个学生的兴趣不同，他关注的学习英语的功能或侧重点就会有所差异。例如，有的学生记忆力好，喜欢背单词、记单词；有的学生发音比较好，喜欢朗读英语美文和英语口语会话。针对这些侧重点，教师可以加以利用，引导学生全面学习英语。

而高校教师要激发和培养学生学习英语的兴趣，可以从以下几个方面入手：

（1）充分了解学生的身心特点，尊重学生的主体性。在任何时候，学生都是教学活动的主体，是整个教学过程的核心承载者。高校英语教学要充分研究学生的生理和心理特征，改变传统的教学模式，遵循语言学习的规律，帮助学生在实践中掌握英语的听、说、读、写技能，采取多种活动方式培养学生的英语语感、提高学生的英语交际能力。

（2）挖掘教材中的兴趣点。教材是英语教学的核心内容，教材内容是学生必须要掌握的语言知识技能。教师要充分研究教材内容，结合学生的学习兴趣，挖掘教材中会引起学生兴趣的知识点，争取让每一节英语课都是新颖的、充满挑战的，都有让学生感兴趣的内容和活动。

（3）注意观察和发现学生感兴趣的话题，进而通过整理和归纳使这些话题成为设计教学活动的真实素材。例如，在教英文的计数方法和计数规则时，教师可以请学生统计自己生活中有关数字的知识，如自己的手机号码、身高、年龄、衣服尺码、饭费、生活费等，这样一节枯燥的数字课就变成了学生分享生活、分享快乐的一节课，学生在欢声笑语中更提高了学习的效率和学习英语的兴趣。

（4）增进教师与学生之间的沟通与交流。在日常的教学活动中，教师要平等对待自己的每一名学生，对学生充满爱心、耐心，用自己对英语教学工作的责任感和积极态度去影响学生、感染学生，进而赢得学生的敬爱和喜欢。事实上，如果学生们十分喜欢自己的某一名教师，那么在很大的概率上他们也会喜欢参与这名老师组织的教学活动，并且会努力在这门课上取得好成绩。

三、灵活性原则

教师要遵循兴趣性原则，在教学过程中激发和培养学生的兴趣，就必须遵循灵活性教学原则，因为灵活性原则是兴趣性原则的有力保障。语言是社会文化生活和人们日常生活的重要组成部分，是一个充满活力的、不断发展的开放性系统；学生代表着年轻的生命和锐意进取的精神，他们是未来的希望，也是美好生活的创造者。语言本身的性质以及学生的身心特点要求英语教学要遵循灵活性原则，具体分析，英语教学需要在教学方法的设计上、教学语言的使用上和学生的自主学习模式上赋予充分的灵活性。

（一）教学方法的灵活性

在研究英语教学的历史上，曾出现过很多各有特点的教学方法和教学流派，其中最具有代表性的教学方法有语法翻译教学法、视听教学法、交际教学法，可以说，每一种教学方法都有其自身的优势和缺点。作为一名高校英语教师，不应拘泥于一种教学方法，而应该学习和比较多种教学方法，根据具体的教学内容、教学条件和学生特点，设计丰富多彩的教学活动，体现英语教学的多样性和创新性，使英语课堂变得充实、有意义，进而激发学生学习英语的兴趣和热情，挖掘学生学习外语的潜能。

（二）教学语言的灵活性

学习一门语言的关键在于使用这门语言，尤其是在交际活动中使用。高校英语教师要通过灵活地组织和使用教学语言来带动和影响学生使用英语。教师要尽可能地为学生营造一个使用英语的交际环境，尽可能地使用英语讲解教学内容、组织教学活动、鼓励学生在课上使用英语提出问题、讨论问题，让学生感受到他们所学的语言是富有生命力的，是真实存在的。英语教学的过程不是教师在上面讲，学生在下边听讲和做笔记的单向过程，而应是学生积极参与教学活动、积极响应教师，用英语和教师互动的双向过程，在这一过程中，学生的英语表达能力和思维能力、交际能力都得到了锻炼和提升。除此之外，教师还可以通过布置的作业使学生灵活地使用英语，作业的布置应以提高英语的应用能力为目标，如可以让学生录制英语文章的朗读作业，让学生上网查找国外的时事新闻并加以陈述和评议等。

（三）自主学习的灵活性

英语教学方法和教学语言的灵活性可以带动学生学习英语的灵活性。教师要引导和帮助学生改变以往机械式的学习方法，探索符合二语习得理论和学生身心特点的自主学习模式，使学生学会自我学习英语的方法，加强以自我实现为导向的自我激励、自我监督方法策略的实施，最终实现基本功练习与自由练习相结合、单项练习与综合练习相结合的练习目标。通过以上练习实践，使学生具有扎实的英语语言功底，并能初步用英语陈述事实、表情达意，进行简单的交流，从而发展学生综合运用语言的能力。

四、宽严结合原则

所谓"宽严"结合其实是一种方法，是指教师在处理学习英语过程中出现的语言错误的方法，即处理准确与流利之间关系的方法。因为学习外语是一个漫长的内化过程，学生从一开始只会使用母语发展到后期能成功掌握一个新的语言系统，这中间会经历很多阶段，在各个阶段中，学生所使用的语言都是一种过渡性语言，它既不是源语的翻译，也不是未来需要掌握的目的语。这种过渡性语言难免会存在一些错误，如词汇错误、语法错误和语言错误等。对于以上各种错误的分析，是第二语言习得研究的重要课题，因为通过对以上错误的分析，可以推测出学生的学习策略，而这些策略也正是导致学生产生这些错误的原因。此处主要分析了两个方面的原因。

第一个原因就是迁移，很多人认为迁移是造成外语学习者产生错误的主要原因，但实际上因为母语干扰产生的错误在所有的错误类型中只占一小部分。第二个原因就是过度概括。所谓过度概括是指外语学习者总结概括出他所学过的一些语言结构，然后在此基础上创造出一些不正确的结构。

对待学生在外语学习过程中产生的这些错误，有两种极端的做法是教师们应该避免的。一种极端的做法是把学生犯的每一个语言错误都看得十分严重，这样做的理由是教师认为学生在学习语言的初期一定要掌握最正确的语言知识；如果对学生的语言错误放任不管，一旦学生养成习惯就很难改过来了。这种想法本质上是没有问题的，但错就错在教师在讲授英语知识的实践过程中不应抓住学生的错误不放，不应反复强调某一同学具体犯了什么错误，这样的做法没有很好地顾及学生的自尊心和积极性，时间长了他们可能就不愿意学习英语了。另一种极端的做法是对学生犯的语言错误视而不见，完全不予以纠正。这样做的理由是教师认为语言的学习最重要的是熟能生巧，只要多听多练就能掌握正确的语感和语言的用法。这种方法借鉴的是母语学习者学习母语的方法，但现实是我们不能向学生提供母语学习者的语言学习和练习环境，因而这种方法不利于培养语言的准确度。

在学习英语的过程中，出现语言错误是很正常的事情。对于每一名语言学习者来说，都会经历一个不断出错又不断纠错、不断改正的过程，没有这个过程的洗礼就不能真正掌握这门语言，就不能达到流利表达的语言水平。因此，教师要不断鼓励学生努力表达自己、展示自己的语言水平，即使是"支离破碎"的表达，也要耐心倾听，并给予足够的尊重。一方面教师要坚持用自己专业、准确的表达影响学生、引导学生；另一方面，当教师发现学生的表达存在语言问题时，要在肯定的前提下进行必要的纠正，保证学生下次不会犯同样的错误。

总而言之，在高校英语教学的过程中，教师应坚持宽严结合的原则。具体地讲，当以培养学生的交际能力为教学目的时，对学生的语言错误要采取宽容的态度；当以传授英语语法知识为目的时，则要采取严格的态度。这样既能保证学生具有扎实稳定的语言基础，又有利于培养学生的英语表达能力。

宽严结合的原则实际上就是要处理好语言准确和表达流利之间的关系，即既要强调语言的准确性，又要重视语言表达的流利与顺畅。对此我们可以结合学习者的语言水平进行分析：

对于初学者而言，不用过分纠正语言中的语法错误、词汇错误等语言错误，而要更多地鼓励他们用英语互相交流，树立他们学习英语的信心，培养他们学习英语的兴趣。

对于中等以上的学习者，比如高校学生，可以在不打击他们英语学习积极性的前提下适当地纠正他们语言表达上的问题。也就是说，年级越高，水平越高，越要注意准确性。

五、输入输出原则

输入和输出原则与英语学习中"听说读写"技能的培养密切相关。其中，"输入"是学生学习和掌握英语语言材料的过程，这一过程主要依赖"听"和"读"完成；"输出"是学生表达已掌握的英语语言材料的过程，这一过程主要通过"说"和"写"完成。很显然，输出行为建立在输入行为的基础上，基于这一原理，我们可以认为，输入是第一性的，输出是第二性的。具体分析这一观点，就是说，人们在学习英语的过程中，能理解的部分要比能表达出来的部分要多。另外，语言输入的量越大，大脑积累的语言材料越多，语言输出的能力就越强。通俗来讲，我们听的语言、读的语言越多，我们的表达能力就会越强。根据实践研究，有效的语言输入应具备以下三方面的特点：

第一，可理解性。可理解性是指学生输入的语言信息都应是能被学生理解的，如果学生不能理解，那么这些输入就好比"对牛弹琴"，是不容易被记忆和应用的。

第二，趣味性或恰当性。趣味性或恰当性是指学生输入的语言信息应该是让学生感兴趣的内容，可只有让学生感兴趣的语言信息才能让学习者乐于学习、才能让学习者尽快接受并记住相关信息内容。

第三，足够多的输入量。语言的习得需要大量的练习和应用。学生只依靠课上时间教师组织的练习活动是无法掌握新的语言知识的。实践证明，学生要掌握一个新的语言知识点，需要数小时的练习以及充分的讨论才能完成。

教师在英语教学的过程中要遵循输入和输出原则可以从以下四个方面入手：

（一）扩大学生的英语接触面

为增强对学生英语语言的输入，教师要根据视觉、听觉等手段，为学生提供各种类型的输入途径，扩大学生的英语接触面。例如，在教学过程中利用音像材料示范英语的发音、朗读技巧，为学生播放一些贴近学生日常学习、生活的影像资料，给学生推荐一些适合学生英语水平、学生比较感兴趣的英文读物等。

（二）利用好学生的理解能力

教师应利用学生的理解能力扩大学生的语言输入量。只要是学生能理解的信息，就让他们听，让他们读，让他们接触。而且，为减轻学生的输入压力，还可以只要求学生理解，而不强制要求他们用说或写的方式将输入的信息表达出来。

（三）注意输入内容和输入形式的多样化

学生接触的英语不应只是教材上的文字题材，而是要追求有声音、有图像，而且涉及的题材和体裁不是一成不变的，而是涉及生活中的方方面面，这样才能激起学生学习英语的兴趣。其实在我们的日常生活中，英语的身影随处可见。很多商品比如衣服、化妆品、学习文具、运动器材等上边都标有英文，一些公共交通像公交车、地铁上还会用英文报站、介绍站点。如果有心，学生就能不费力气地学到很多英语知识。此外，我们还可以根据语言输入的文字、声音、影像等分类方法，为学生提供多种形式的输入。

（四）注意输入与输出相结合

一门语言的习得仅仅依靠大量的输入是不行的，因为语言的主要功能是交际功能，语言最终是要在交际活动中输出的。学习英语也是同样的道理，学生要想真正地掌握英语、具备灵活运用英语的能力，不可能只依靠单方面的输入，还要通过口头和笔头的表达来检验输入和理解的成果。具体来说，就是要在增加可理解输入量的同时，不断开展有效的练习和实践应用活动，如模仿练习、结对练习、小组练习。

第二节　高校英语教育的重要意义

本节将先从宏观角度论述高校英语教育的重要意义，然后结合本书的研究背景"'互联网+'视域"探讨互联网时代高校英语教育的重要意义。

一、高校英语教育的重要意义

（一）英语教育有助于个人和社会的发展

由于英语是当今世界国际通用语言之一，也是世界上使用最广泛的语言，因此世界大多数国家的高等学府、大学院校都开设了英语专业课程；仅在中国，就有超过一百所大学设有英语专业或与英语相关的专业课程，如英语教育、商务英语、英语翻译、英语口译等。我国众多高校开展英语教育的重要意义不仅在于紧跟时代发展的潮流，更在于促进国家的发展和国际上的交流与合作。

改革开放以来，我国发生了日新月异的变化，在政治、经济、文化、教育等领域都取得了不菲的成就。但是，事实证明，我国在很多方面还落后于西方发达国家，如计算机信息技术等科学技术。我们要想在较短的时间内掌握各种技术，取得快速发展和进步，不可能关起门来"闭门造车"，肯定要学习发达国家的先进技术，而学习先进技术的前提就是要掌握国际通用语言——英语。

我们在学习他人先进技术、经验，发展自身的同时，也需要与世界其他国家和地区的人展开经济、技术等方面的沟通与合作。如果不懂英语，就无法打开通往国际舞台的大门，无法与合作方沟通、交流与合作。对于高校学生来说，高校英语教育更会给他们带来多方面的好处：

（1）如果高校学生在学校接受了良好的英语教育并且培养了出色的英语运用能力，那么将来他们毕业后找工作时所能选择的工作机会就会更多，就业面也会更广。

（2）如果高校学生在校内打下了较好的英语语言知识基础，掌握了基本的英语语言技能，那么他们在面对企业内更专业、更复杂的英语培训时就不会感到特别困难。

（3）某些与国外院校建立了友好交流关系的高校会有一些出国参加学习交流活动的名额，只有本身具有英语优势的学生才有可能争取到这些名额。

（4）据科学研究表明，语言学习优秀的人往往右脑发育更好，反应更加灵敏，因此容易给人留下深刻的印象，在这个竞争激烈的社会，参加工作后会更有优势。

（5）如果将来学生想出国深造，就不用在语言培训方面花费太多的时间、金钱和精力，而是一站式到达国外，获得更多教育的机会。

（二）英语教育有助于学生的思想政治教育

在当前日益复杂的国际形势和社会环境下，加强高校学生的职业道德教育和政治素养教育甚至比加强知识技能教育更为重要。习近平同志指出，思想政治工作要贯穿教育教学的全过程，各个岗位的教育教学工作者要充分利用好课堂教学这个主渠道，各类课程都要与思想政治理论课同向而行，形成协同效应。大学英语课程作为开展英语教育的重要课程渠道，同样承担着提高大学生思想政治素质的重任。思政教育理念是开展高校英语课程思政教育的主要理论之一。

长期以来，高校英语教学都在强调培养学生英语语言知识与文化的应用能力，但伴随着西方国家思想观念、生活方式等意识形态的传入，高校英语教学工作者已经逐渐认识到将英语教学内容与思想政治教育有机结合的重要性。发生以上转变的主要原因在于当今时代，互联网信息技术的普及和应用为学生通过上网了解西方国家的政治理念和思想文化创造了条件，包括西方的资本主义政治制度以及奢靡、虚荣、颓废的价值观念和生活方式。这些观念制度和生活方式是与西方国家的经济发展水平和主流价值观相适应的，但不适合中国本土的制度建设和中国学生的价值观培养，如果不通过教育引导学生认识和辨别这些观念制度和生活方式，那么当他们接触到这些知识内容时就不懂得取舍，甚至会全盘接受。

英语教育会教育和引导学生正确看待中西方文化之间的差异，帮助学生坚定社会主义理想信念和文化自信。具体分析，大学英语作为"隐性思政"课程，肩负着培养具有一定思想水平、政治觉悟、道德品质和文化素养的创新型外语人才的重任；作为人文学科教育，英语教育与其他类型的学科教育相比，具备开展德育教育的优势，因为语言文化的教学必然会涉及意识形态、风俗习惯及价值观的教学与辨别。新时期的高校英语教育已经将如何让注重个性发展的"95 后""00 后"青年在大学阶段获得更好的价值引领、思想教育，如何进一步提升他们的政治素质，如何切实推动习近平新时代中国特色社会主义思想进教材、进课堂作为推动英语教育教学改革创新的重要内容。

二、互联网时代开展高校英语教育的重要意义

在互联网时代开展高校英语教育不同于以往条件下开展的英语教育，由于时代的进步和互联网信息技术的发展，使其具有了鲜明的时代特征和特殊的教育意义。具体分析，在互联网背景下开展高校英语教育具有以下重要意义和价值（图 2-2）。

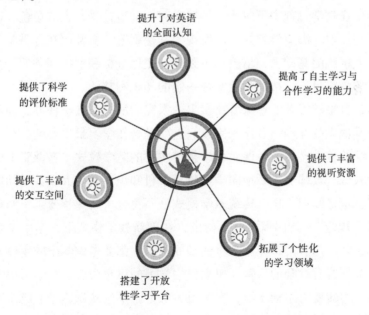

图 2-2　互联网时代开展高校英语教育的重要意义

（一）提升了高校学生对英语的全面认知

互联网时代的高校英语教育进一步增强了学生对英语知识的认知与理解，具体而言，互联网时代的高校英语教育促进了学生对英语基础知识、英语技能知识和英语应用知识的认知与理解，促进了学生的全面发展，提高了学生跨文化交际的能力。

对于身处互联网时代的高校英语课堂教学而言，他们在人才培育中起到了重要的作用。因为高校英语课堂教学需要引导学生打好英语理论知识的基础、培养学生的创新思维能力、培育学生的英语核心素养。总的来说，互联网时代下的高校英语课堂教学有助于增进学生对英语的全面认知与理解，进而促进英语教学的发展和英语人才的培养。

（二）提高了学生的自主学习能力和合作学习能力

早在 20 世纪 80 年代，西方国家的研究学者就提出了自主学习和合作学习的相关理论，如美国圣地亚哥大学伯尼·道奇教授（Bernie Dodge）提出的"网络问题探究"（Web Quest）学习模式，爱尔兰学者狄金森（Leslie Dickinson）倡导的自主学习方法，美国明尼苏达大学"合作学习中心"的约翰逊兄弟（Johnson Brothers）对合作学习五要素的定义等。其中自主学习理论的代表性观点是学生在教学过程中不应该是被迫学习、被迫接受知识的角色，而应该是主动地、积极地、渴望学到知识的发现家和探索家。教师应在尊重学生的实际需求和个人情感的基础上，培养学生独立自主地分析和解决问题的能力，进而实现教学的最终目的，帮助学生掌握一定的知识和技能。

当然，自主学习并不意味着让学生一人完成所有的教学任务，而是要求学生通过与其他人的互动与合作来完成。这就是合作学习最主要的特征。

在传统的教学模式中，课堂教学是最主要的教学模式。在课堂上，教师具有绝对的权威，教师会不断地向学生传授学科知识，学生大多数时间在被动地理解知识、记忆知识，这一传统教学模式已不符合《新课程要求》对创新教学模式的最新规定。《新课程要求》指出，在创新教学模式下，学生是教学过程中的主体，教学内容的选择和教学活动的组织，都要考虑学生的主体地位。学生们要逐渐摆脱对教师的依赖，树立自主学习的思想观念。在学习模式上，学生从被动学习转变为主动学习；在学习方法上，学生从做笔记、听录音转变为查阅资料、互相讨论、交流心得体会。总而言之，学生要通过确立自己的主体地位，积极、主动地与老师沟通并借助互联网环境的优势，在开放、自由的状态下学习、探索和讨论，以提高自己的自主学习能力和合作学习能力。

传统的教学模式中教师在课堂上进行语言知识讲解和表达的时间较多，学生听的时间比说的时间要久。也就是说，课堂上的大部分时间都是教师在动脑、在锻炼自己的英语语言能力，而不是学生在练习、在应用自己学到的知识技能，因而在很大程度上削弱了学生学习的主动性。互联网时代网络学习平台的普及较好地解决了这一问题。因为在互联网时代，学生可以借助电脑和网络开展自主式的学习，这种学习方式的好处是学生可以不受时间和空间条件的限制，自己选择学习内容，自己安排学习进度，与线上教师或同学进行练习，进而提高自己的语言应用能力。

（三）为学生提供了丰富的视听资源

互联网时代的高校英语教育更加灵活和开放，互联网教学给学生提供了丰富的视听资源和其他语言学习材料，这些都是传统教学模式无法做到的。学习语言的最终目的在于用语言开展实际的交际活动，而在实际的交际活动中，人们主要依靠听和说来接收信息和传达信息，因此学生需要不断地锻炼自己的听说能力。而听说能力的锻炼离不开语言的输入。

目前，由于我国缺乏良好的语言环境，大部分学生只能通过课堂来接受语言教育，这就使学生的学习受到很大的制约：一方面由于课堂时间有限，但教学任务较重，教师没有过多的时间带领学生练习学过的句型和对话；另一方面就是学生的语言输入是有限的，学生在课上接收到的语言输入不是来自教材就是来自教师，因此教材的质量和授课教师的语言水平就制约了学生的语言输入。互联网教学所提供的视听资源以及网上交流平台加大了学生的语言输入量，因此有利于学生听说能力的培养。

（四）为学生拓展了个性化学习领域

英语教育在我国属于学科教学，我国学科教学的模式基本都是课堂教学模式，英语教学也不例外。而传统的课堂教学模式有一个明显的问题，就是容易忽视学生个体之间的差异，而不同的学生具有不同的学习基础、学习能力、学习习惯、学习方法，但教师的教学目标、教学内容、教学方法等一般是统一的、不会轻易改变的。很显然，这种操作是不利于教师因材施教、发掘每个学生的特长的。

互联网英语教育可以解决这个问题，因为个性化教学是互联网时代英语教育的显著特征。互联网环境的开放性、多样性为个性化英语教学提供了广阔的空间和丰富的资源。教师和学生根据自己的需要开展教学或学习活动，从而进一步实现个性化英语教学。

（五）为学生搭建了开放性学习平台

不同于传统的课堂教学，当今互联网时代英语教育的教学场所不仅仅限制于固定的教室，网络连接的所有范围和地点都可以是人们学习英语的场所；教学时间也可以根据教学者的具体情况进行调整。学习者还可以自由选择自己的学习过程、学习方法，从大量有效的信息资源中获取他们所需要的学习信息，并按照各自的学习情况制订学习计划，安排学习进程。这种开放性的学习平台使学生一直处于教学中心，有利于激发学生的创造力和想象思维，实现素质教育所倡导的理念。

（六）为师生提供了丰富的交互空间

很多应用语言学家提出，只凭借语言的输入无法保证学习者对该语言的掌握，掌握一门语言的关键在于使用语言参加交互活动，包括意义协商和语言输出。在传统的英语教学活动中，学生学习英语的内容、方法、程序大都由教师提前设计好，学生对这一部分的参与感较弱，学生与教师之间的交流较少，且很少有机会向教师表达自己对教学活动设计的看法。但在互联网教育教学活动中，教师和学生、学生和学生以及学生和媒体之间可以实现互动。教师可以通过互联网展开网上教学、网上提问、网上答疑、网上作业批改等教学活动；学生可以通过网络听课、回答教师的问题、向教师提问题，还可以学习和借鉴其他学生的观点看法，进而构建自己的知识体系。

（七）为教学活动提供了科学的评价标准

当前，中国很多高校仍然使用标准化的英语水平考试作为衡量英语教学成果和质量的唯一标准，然而这种做法并不是特别符合语言教学和语言学习的规律。根据语言学习的规律和科学的教学理念，教师可以设计出多种科学的测试方法，记录和分析学生学习的效果和掌握知识的情况，进而对教学成果做出科学的评价。根据学生的测试结果和学生对教学的评价反馈，教师可以及时地调整教学进度，安排教学内容，设计教学活动。所以，教学工作者可以利用多媒体和互联网信息技术为英语教学提供快速、准确反馈信息的途径，为教学活动提供科学的评价标准。

第三节　高校英语教育的教学目标

学生是教育教学的对象，是教学工作的服务对象，因而高校英语教育的教学目标也应以服务学生为重点，以帮助学生学习英语知识，掌握英语相关技能为最终目标。具体分析，又可划分为以下几个小的教学目标（图 2-3）。

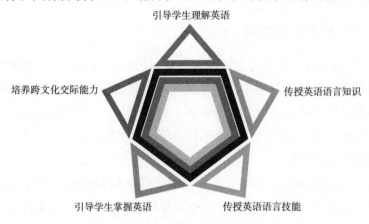

图 2-3　高校英语教育的教学目标

一、引导学生理解英语

高校英语教育的首要教学目标应是引导学生理解英语，弄清楚为什么要学习英语，学习英语的目的是什么，作用是什么，对自己未来的发展有什么帮助。从这个意义上来讲，高校教师引导学生理解英语的过程是一个使能过程，在这个过程中，教师不是使学生掌握生活技能，像维修家电、驾驶汽车那样；更主要的是使学生开动脑筋，学习语言知识。因而我们说这一教学过程不仅是一个行为过程，更是一个心理过程，学生是这一教学过程的中心。

在这一过程中，学生是中心，是教学活动的主体，教师是引导者、使能者。学生在这一活动过程中不是要掌握某种需要动手操作的技能，而是要学习新的知识，发展自己的思维能力。教师在这一活动中的主要任务就是为学生安排需要掌握的新知识。一般情况下，人们所说的学习一种语言包括两种情况：

学习这门语言和学习与这门语言相关的知识。此处教师给学生安排的新知识是有关语言特征和语言运用的知识,也就是说,学生在教师的引导下学习英语知识,既要学会有关英语的知识,也要学会如何使用英语参与交际。

根据以上两种理解模式,教师可以选择两种不同的教学模式。第一种教学模式下的英语教学以让学生掌握与英语相关的语言知识为教学目标,学生在这种模式下只需要理解和记忆知识内容,而不需要进行实践应用,其重点在于大脑的思维活动。在第二种模式下,学生既要学习语言的理论知识,还要掌握实际的语言技能,把学到的理论知识应用到语言交际活动中;同时还要学会如何在英语文化语境中从事相关的交际活动,学会一定的交际技能。

二、传授英语语言知识

"教师把英语语言知识传授给学生"这一过程本质上是一个物质传递、物质交流的过程。在这个过程中,主要的参与者是给予者和给予者准备的礼物,即教师和他所传递的语言,学生的存在不是必然的,学生只是礼物的接收者。依据人际交流的原则和理论,教师把英语这一语言知识传授给学生,就像赠送给学生钢笔等礼物一样。

在这一交流过程中,教师处于完全的主导和控制地位,学生则属于被动的、被控制的角色。教师有权决定他想要传授的内容,当然这些内容无论具体如何,都是教师认为正确的、对学生的学习和发展有益的英语语言知识;学生没有权利和条件选择自己想要学习的内容,因为他们没有发言权。教师是实施者,学生是受益者,实施的重点是英语语言,这种设定接近实际的情境设计。

与此同时,教师在这一过程中的教学目标是将教师判定为正规的、标准的英语语言知识传授给学生,并想办法让学生理解、接受和应用。从教学方式上来讲,教师在不停地讲解、不停地输出,学生在不停地理解和记忆。当然,教师在这一过程中也不是完全没有收获,教师作为教学内容的组织者和教学活动的设计者通常会精心挑选教学内容,设计教学方案;当学生能理解自己所教授的内容并积极参与到教学活动中来的时候,教师会感到由衷的欣慰和满足。

三、传授英语语言技能

教师向学生传授英语语言技能,就是教给学生如何使用英语,如何使用自己的大脑、感官或者肢体接收、理解和输出英语,比如如何听懂英语、如何理解英语、如何用嘴说英语、用手写英语等。这一教学过程的重点仍然是英语语言，学生仍然是一个被动的参与者。学生的参与不仅受教师行为的支配，还受外界因素的影响。

在这一过程中，教师不仅要教给学生基本的语言知识，还要使学生掌握运用英语的技能，这是教师最主要的教学目标。为实现这一目标，教师在教学过程中通常会带领学生开展大量的技能训练和练习活动，学生是这些训练活动的参与者，也是被训练的对象。由于学生在这一过程中比较被动，所以教师很难引导学生发挥他们学习的积极性和主动性，事实上，这属于一种结构主义和行为主义的教学模式。

四、引导学生掌握英语

在"教师引导学生掌握英语"的教学活动中，学生想要掌握英语这一门语言，教师则要根据具体情况帮助学生达到这一学习目的。在这一过程中，学生是中心，教师是使能者，教师有责任和义务采用各种方法帮助学生掌握英语。例如，设计丰富多彩的练习活动，为学生精心布置英语作业，组织学生进行能力测验，等等。

这种教学模式符合现代教学的要求和当代英语教师对教学的认知。教师把学生看作教学活动的主体，把提高学生的英语能力和综合素质作为教学的最终目标，而教师的任务就是指导和帮助学生，这可以说是学校教育的一项重大进步。但我们对于学生需要学习的内容和学生想要达到的学习标准还没有一个定论，只是根据成人的认知认为学生应该掌握哪些内容，学生应该这样或那样学习。因此，对教学的内容和教学的目标，教师可以更多地倾听学生的想法和意见。

五、培养跨文化交际能力

新教学大纲的颁布和英语教学改革的实施，让学校和社会认识到了培养学生跨文化交际能力的重要性。传统英语教学的目标和任务集中在培养学生的语言知识和技能方面，但长期的实践证明，尽管学校和教师在培养学生英语语言知识和相关技能方面付出了大量的时间和精力，但实际的教学效果并没有预期中那么好。也就是说，目前高校英语教学还受限于语言知识掌握和言语技巧训练的硬性规定，学生学到的更多是语言表面的知识，给人一种学了英语没有什么用途的感受。

基于以上分析，我们认为英语教学必须注重对学生跨文化交际能力的培养。实践证明，跨文化交际能力不仅仅包括词汇、语法、发音等语言知识方面的技能掌握，还包括语境分析、文化沟通和交际技巧等诸多能力构成因素。因此，学校和教师要想培养学生的英语交际能力，不仅要教授基本的语言知识，开展基本的言语技能训练，还必须教授跨文化语言知识和语用知识，以培养学生在真实情境下的跨文化交际能力。

由于汉语和英语在民族语言和文化上的巨大差异，英语教学的过程中肯定会出现因为文化差异造成的理解障碍和困难。为了减少这种障碍对教学的影响，就必须在教学过程中加入英语语言文化的教学，如社会文化教学、风俗文化教学、礼仪文化教学等。教师应认识到教授英语的过程实际上是向学生介绍西方文化、帮助学生树立正确文化观的过程。从这个角度分析，英语教学对学生提出了两点要求：

（1）学生要通过英语和汉语文化的对比了解这两种文化的异同，并能够灵活地将这两种语言进行等值或尽量等值意义上的转换。

（2）学生要认真地接收和理解来自不同民族的语言文化和信息，树立正确的文化观。

总而言之，从整个英语教学的角度分析，语言知识技能教学是前提，是基础；而跨文化交际能力的教学则是深化和提高，是教学的最终任务。

第四节　高校英语教育的教学定位

近三十年以来，我国高校的教育教学事业为了适应社会的进步和时代的发展，开展了一系列的改革活动并取得了不俗的成绩。其中，高校英语教育教学也经历了多次改革实践。例如，随着社会主义现代化发展建设对国际型人才需求的日益增长，高校英语课程的教学定位发生了相应的变化。教学定位是高校教育教学工作中最根本性的工作。合适的定位可以使高校英语教学更好地满足社会发展的需要和人才培养的需要。当前，我国各个领域行业的飞速发展对高校英语教育事业提出了更精准、更高层次的要求，这些要求应当首先反映在高校英语课程的教学定位中。探讨分析高校英语课程的教学定位以及可能存在的问题，可以使我们对今后的高校英语教学进行更精准的定位。

一、当前高校英语教育课程教学定位

自 20 世纪 80 年代以来，国家教育部以大纲或类似大纲的形式先后颁布了 5 份高校英语教学的纲领性文件，以政府文件的形式确立了英语这一专业在高等教育中的地位，提出了国家对高校英语课教学的统一要求。这些纲领性文件见表 2-1。

表 2-1　20 世纪 80 年代以来的高校英语教学的纲领性文件

颁布年份	文件名称
1980 年	《高等学校理工科公共英语教学大纲》
1985 年	《高校英语教学大纲》（高等学校理工科本科用）
1986 年	《高校英语教学大纲》（高等学校文理科本科用）
1999 年	《高校英语教学大纲（修订本）》
2007 年	《高校英语课程教学要求》

其中，2007 年颁布的《高校英语课程教学要求》是在教育部 2004 年 1 月颁布的《高校英语课程教学要求（试行）》的基础上制定的，也是现行的纲领性文件。与之前其他几个版本相比，文件的名称由以前的《教学大纲》改成了《教学要求》，文件的内容也发生了相应的变化，其教学定位设定在培养学生的英语综合应用能力，特别是英语听说能力。这些变化是为了适应时代的发展和社会的进步对高校英语教学的新期待和新要求，具体分析，高校英语课程的教学定位从之前着重发展学生的英语阅读能力变成了现在的着重发展英语综合应用能力。不可否认的是，《高校英语课程教学要求》在一定程度上适应了社会发展建设的新要求，但也存在着值得进一步探讨的问题。

二、高校英语课程教学定位中值得探讨的问题

（一）关于特别培养英语听、说能力的问题

仔细阅读《高校英语课程教学要求》（以下简称《要求》），我们可以发现，高校英语教学课程定位的表述中，认为学校应培养和发展学生的英语综合应用能力，对于这一整体要求，我们没有异议；但《要求》还规定，在培养学生的英语综合应用能力时，要"特别"注重培养学生的英语听说能力。这说明在对

听、说、读、写、译这几大能力的层次划分上,《要求》将听、说能力置于所有能力层次中的最高层次。本书认为这种特别强调英语听说能力的培养规定是值得进一步思考和讨论的,具体可从以下三个方面考虑:

1.没有科学依据的支撑

首先,我们没有科学依据可以证明在英语的综合应用能力中,听说能力比读写译的能力更加重要。听说能力虽然重要,但其他能力并不逊色于听说能力。过分强调听说能力的重要性,就是对其他三项能力的相对轻视。中国学生的英语听说能力是应该加强,但也不应牺牲读写译练习的时间,因为根据调查研究发现,高校学生的阅读能力、写作能力和翻译能力并没有达到教学的标准要求,甚至有些能力还很薄弱。在这种情况下,一直强调听说能力的培养似乎并不合适。

2.英语作为外语教学与母语教学的差别

在教授母语的教学活动中,对听说能力的培养是教学的基本任务和首要任务,因为人们在日常生活中完全离不开对这两种语言能力的应用,人们需要通过听和说来与他人展开沟通交流,满足生存和发展的需要。与母语教学要求不同的是,英语作为外语的教学主要是为了培养学生的第二语言技能,使英语在提高个人综合素质、满足个人工作需要方面有所帮助,而非必要的生活需要。作为在学习和工作中起到辅助作用的工具,英语的读写译能力常常比听说能力更加重要。

3.高校英语教学与中小学英语教学的差异

英语听说能力按照难易程度和学习阶段可分为基本英语听说能力(基本难度)和高级英语听说能力(高级难度)。其中基本难度是中小学英语教学的重点,高级难度是高校英语教学的重点。高级英语听说能力的培养和提升离不开较好的英语读写能力。对于高校学生的培养来说,如果他们的基本英语听说能力还不达标,就应该着重培养一下这方面的能力;但不能在这方面花费过多的时间和精力,而忽略了英语读写能力的培养。如果高校英语教育培养出来的高材生像西方国家的普通人一样具有很好的听说能力但读写能力薄弱,高校英语教学就失去了其本身的意义。

（二）关于其他英语应用能力的培养问题

与之前几版教学大纲不同的是,最新一版《要求》的教学定位把英语的各种应用能力整合为了英语的综合应用能力，这种操作是符合学生的学习情况和英语能力评定的，因为语言的各个能力要素是相互关联、相互影响的，各种英语应用能力不能脱离其他能力而单独存在。尤其当前高校学生的英语基础已经有了大幅提升，再采用不同层次的能力定位方法已经不合时宜。

最新一版《要求》的教学定位在明确规定培养英语综合应用能力的同时只强调了听说能力的培养这一做法亦失之偏颇。听说能力只是英语综合应用能力中的一个组成部分，英语综合应用能力还应包括：英语阅读能力，英语写作能力，英语口译能力，英语笔译能力。

也就是说，高校学生应在掌握基础英语综合应用能力的基础上，结合当今社会对人才的要求、各专业的培养目标以及个人的学习兴趣掌握至少两种以上英语应用的能力，如：跨文化交际的听说能力，日常应用文的写作能力，专业文献的阅读能力，学术论文的撰写能力，文学作品的鉴赏能力，口译和笔译能力。

高校英语课程的教学定位不能忽视听说能力之外的其他英语应用能力的培养，主要是因为以下三个方面的原因。

1.社会的发展建设需要不同的英语应用能力

社会不同领域、不同行业发展的特殊要求注定了我们需要多样化的英语人才。我们不仅需要听说能力突出的英语人才，还需要读写能力出众的英语人才，也需要翻译水平较高的英语人才，这些类型的人才哪一种也不能缺少。然而全面的语言能力培养是十分困难的，因为每个人的天赋不同，时间和精力也有限，所以不可能每项能力都十分出众。高校和教师需要在培养高校学生英语基本综合应用能力的同时，注重学生实用型应用能力的培养和提高，以满足社会不同领域、不同行业发展的多样化需求。

2.高校学生的能力培养应考虑其个性特征

在培养高校学生英语综合应用能力的过程中，高校和教师应该针对高校学生不同的性格特征和兴趣特长，因材施教，发展每个学生独特的英语应用能力。因为在高校阶段，学生基本都已经成年，其身心特征已经发育完全，其个性特征也已基本形成，而每个学生不同的个性特征会影响甚至决定其适合发展的英语应用能力。例如，有的学生心思细腻、性格沉稳，那么他可能更适合读写类或笔译类应用能力的培养；有的学生性格活泼开朗，喜欢与人沟通，那么他可能更适合听说类或口译类应用能力的培养。总而言之，教师在培养学生英语应用能力的过程中应充分关注学生的个性特征和兴趣爱好，参考学生的个性和兴趣制定学生能力培养的方案。

3. 不同高校和专业的人才培养目标不同

不同的高校和不同的专业培养英语人才的方向和目标是有很大差别的，因此我们要针对不同高校、不同专业的不同特点，培养各具特色的实用型英语人才；针对不同层次的人才，着重培养不同层次的实用英语能力。

（1）商场、酒店、旅游景点等服务行业的工作人员，与外国人的接触较多，当面交谈的情况会十分常见，因此需要培养和提高他们的英语听说能力和跨文化交际能力。

（2）对于学校或其他研究机构从事文科、理科、农业、工业、医学、物理、化学等研究领域的科研人员，因为他们需要经常查找翻看一些外文文献资料，甚至用英文发表学术论文，所以应该培养他们的英语读写能力。

（3）对于各项专业的翻译人员，如医学翻译、文学翻译、会议翻译、旅游翻译等专业的翻译人员，则需要结合他们本专业的知识培养他们的专业翻译能力。

三、对高校英语课程教学定位的几点看法

通过对现行高校英语课程教学定位的分析以及其中可能存在的问题探讨，我们可以发现当前高校英语课程的教学定位应主要包括两个方面的内容：一个是培养学生的英语综合应用能力，另一个是培养学生的实用英语应用能力。其中英语综合应用能力是指学生对听、说、读、写、译不同英语能力进行综合运用的一项基本能力。这一能力的培养呈现出三项基本特征，即基础性、综合性和统一性。其中基础性是指英语综合应用的能力是每一位高校生都能掌握且必须掌握的基本能力，是一个普遍的低水准要求。综合性是指英语的综合应用能力要包含多方面的单项能力内容，如听、说、读、写、译等，且这些能力应尽量均衡发展，不要只注重其中的一项或者两项。统一性是指国家会规定几个不同层次的对统一的不同要求，以确保高校英语教学工作的基础教学质量和其他层面的教学质量。

实用英语应用能力，是指学生根据自身情况和所处环境的具体要求，突出培养的一种或几种英语应用能力。对于实用英语应用能力的培养，学校和教师应做到以下两点：

第一，发掘每名学生的个性特征和兴趣爱好，根据每个人不同的个性和爱好培养不同的应用能力，因材施教，区别对待。

第二，充分利用现有的各类教学资源和教学条件，创设英语应用的不同情境，培养学生的实用英语应用能力。

从国家的角度出发，需要制定更详细、更具体的高校学生实用英语应用能力标准。例如，要求百分之七十的学生着重发展英语听说能力，我们就可以选择百分之七十的学生进行专门的培养和提升。如此一来，高校英语教学就既能满足社会发展的多样化需求，也能兼顾学生的个性成长，还能实现教学定位的多样化、专业化，可谓是一举多得。

在这种多样化、专业化的教学定位中，我们还需要处理好两种英语应用能力之间的关系。综合应用能力是基础、是前提，实用应用能力是扩展、是强化。这两种能力的培养和发展没有固定不变的先后顺序，我们既可以先培养综合应用能力，后培养实用应用能力；也可以同时进行两种能力的培养，但要注意有所侧重。如果对某些学生需要着重提高某项能力，可以分别从这两个角度出发展开培养，如在培养综合应用能力的过程中，设定某项能力达到更高的水准；在培养实用应用能力的过程中，加强对这项能力的培养。

英语综合应用能力和实用英语应用能力培养的有机结合，可以帮助高校英语教学活动实现统一性与灵活性的结合，还可以在培养高校学生基本能力的同时发展高校学生的特长能力，从而使高校生的英语能力培养做到既保证基础牢固又保证特长突出。从能力培养的先后时间来看，在教学活动开展的前半阶段，教师应更注重学生各项基础能力的全面发展，协调发展；在教学活动开展的后半阶段，教师开始侧重对学生个性的发掘和实用英语能力的培养。

第五节 高校英语教育的理论指导

在高校英语教育教学工作中，不管教学目标是什么，教学内容是什么，教师选择什么样的教学方法，教学活动的开展都建立在一定的理论基础上。英语教育属于一种语言的传授，所以会涉及语言学的相关理论；同时英语教育又属于学科教学的范畴，因此教师还要掌握教育学相关理论。根据以上分析，本节将从语言本质理论、语言学习理论和教育学相关理论三个层次出发对高校英教育的指导理论进行探讨，为后面的实践教学部分做铺垫。

一、语言本质理论

关于语言的本质是什么这一课题，不同的学者从不同的角度出发对其进行了研究和讨论，并提出了各自的看法和理念。本节主要介绍两种具有影响力的语言本质理论，即语言的功能理论和言语的行为理论。

（一）语言的功能理论

英国的语言学家韩礼德认为语言的本质与人们对语言的要求以及语言本身反映完成的功能相关，据此提出了语言的功能理论。他提出，语言具有社会功能，语言的社会功能在一定程度上影响了语言本身的变化和发展。只有研究语言如何使用，才能发现语言的全部功能及其构成意义的全部成分。韩礼德对语言功能的分类如下所示：

1. 微观的功能

韩礼德指出语言具有微观功能，且这一功能主要出现在儿童学习如何使用母语的阶段。语言的微观功能具体又可划分为以下七种：个人功能、规章功能、想象功能、启发功能、工具功能、相互关系功能、信息功能。

2. 宏观的功能

对比语言的微观功能可以发现，语言的宏观功能要更加复杂和抽象，语言的宏观功能产生于儿童语言向成人语言过渡的时期，主要可分为以下两种：

（1）实用功能。实用功能是儿童在学习语言的早期出现的一种功能，通常认为该功能是由工具功能、相互关系功能和控制功能三种功能延伸出来的，是儿童把语言当作做事的方式和手段的功能。

（2）理性功能。理性功能也诞生于儿童学习语言的早期阶段，与实用功能不同的是，该功能是由个人功能、启发功能衍生出来的，是儿童把学习知识和观察事物作为一种手段和方法的功能。

总而言之，语言的宏观功能是儿童早期学习语言时的过渡功能，它是微观功能的延续。语言的宏观功能体现出人类语言功能的实用性，即语言可以根据不同情况运用到不同的场合，还证明了人们在使用语言进行沟通交流的过程中，离不开相应的语言创造。

3. 纯理功能

韩礼德还提出了语言的纯理功能，这一理论对语言学派的发展产生了深刻的影响。纯理功能主要包括以下三个方面的内容：

（1）人际功能。语言的人际功能指的是语言具有表明社会关系、建立和维护社会关系的功能。由于语言的人际功能，人们能够在某种环境或场合下表达出自己内心的真实想法和情感态度，并作用在他人身上，对他人产生影响。

（2）篇章功能。语言的篇章功能指的是语言在不跑题的前提下具有创造通顺语句和连贯篇章表达的功能，韩礼德还认为，语篇是具有一定功能的语言。

（3）概念功能。语言的概念功能是指人们使用合适的语言对自己曾经历过的事情以及自身的真实体验和感受进行概括描述的功能。换言之，就是人们会通过概念解码以往的经验，达到表达或阐述事物的目的。

韩礼德还提出，基本上所有的句子都在不同程度上体现出以上三种功能，且通常以并存的形式存在。韩礼德对于语言本质的论述为人们研究语言提供了新的思路，有助于人们开展对语言的深入研究，也为后来交际法教学流派的创立奠定了一定的理论基础。

（二）言语行为理论

早在 20 世纪 50 年代，英国哲学家奥斯汀就创立了言语行为的理论基础；随后美国学者赛尔在奥斯汀理论研究的基础上进行了改进，并建立起一种用来解释语言与交际行为的理论，即言语行为理论，这就是言语行为理论的产生。言语行为理论不仅被用来指导语言教学的开展，还为意念功能大纲的产生和发展提供了理论基础。接下来我们简单介绍一下奥斯汀和塞尔的言语行为理论观点。

1. 奥斯汀

奥斯汀把语言中的话语分为两种句型：表述句和施为句。在此基础上，奥斯汀提出了言语行为的三分说理论。

（1）表述句。所谓表述句，就是指描写客观事物、报道客观事件以及陈述客观事实的句子。表述句的特点是能够进行验证，且有真假价值之分。

（2）施为句。所谓施为句，就是通过创造新的现象或事态对客观世界进行改造的句子。施为句的特点就是不能进行验证，因而也不能辨别真假。

根据以上分析可以得出表述句和施为句最主要的区别是：表述句用来描写

事物，叙述事件；施为句则用来表示对客观世界的改造。

（3）三分说理论。奥斯汀提出的三分说理论把言语行为分为了三种。

第一种，以言指事行为。这一行为是指说话人通过启动自己的发音器官发出相应的话语，并按照一定的规则把这些话语排列成正确的词组或句子的表达行为，这种行为通常都是代表意义上的行为。

第二种，以言行事行为。该行为就是通过说话的方式来实施相应的行为或做其他事情。该行为突出表现出讲话者的意图。具体分析，该语言行为又可以分为五种：评价行为、施权行为、承诺行为、论理行为、表态行为。

第三种，以言成事行为。该行为通过不同的言语方式造成不同的效应，有时是好的效应，有时是不良效应。在这里需要特别注意的一点是以言成事行为，虽然说是通过说话造成的结果，但无论结果如何，都不能代表说话人的意图。

2.塞尔

塞尔在奥斯汀的理论基础上作了深入探究，提出了相应的间接言语行为理论。

（1）以言行事行为的分类。

第一种，承诺类。这一言语分类是指讲话者会对未来要发生的事情作出不同程度的保证或承诺，如动词 promise、commit、threaten 等。

第二种，表达类。这一言语分类主要指讲话者暗含某种心理状态，如动词"apologize、welcome、regret、boast"等。

第三种，断言类。这一言语分类主要指讲话者针对某件事所作出的判断或表明的态度，如动词"state、claim、remind、inform"等。

第四种，宣告类。这一言语分类主要指讲话者所要表明的话题的内容与现实世界是一致的，如动词"resign、declare、nominate"等。

第五种，指令类。这一言语分类主要指讲话者指使或者命令他人去做某些事情，如动词"order、advise、ask、want"等。

（2）间接言语行为理论。间接的言语行为就是指通过采用对另一行为的实施方法达到间接实施言语行为目的的一种行为。例如，"Can you take a photo for me?"这句话，从讲话者的言语行为角度出发分析，这句话表面上看是在询问对方能否为自己拍一张照片，但其实含有"请求"的含义，这就是说，在这句话中，"请求"这一言语行为是通过"询问"的方式间接实施的。

根据赛尔的研究，间接言语行为可分为两类：

第一类，规约性间接言语行为。规约性间接言语行为通常情况下是讲话人对听话人的礼貌行为，依据讲话者使用的句法形式可以推测相应的语意。

第二类，非规约性间接言语行为。非规约性间接言语行为比规约性间接言语行为要复杂一些，通常情况下要依据交际双方的共识语言信息对当下的处境作出相应判断。

二、语言学习理论

教师对于语言学习理论的认知和理解也会影响语言教学方法和策略的选择，因此我们有必要学习和了解语言学习的相关理论，此处主要介绍两种语言学习理论：行为主义学习理论和认知主义学习理论。

（一）行为主义学习理论

行为主义学习理论是受巴浦洛夫对"条件反射"这一概念的研究而形成的。行为主义学习理论认为，儿童学习和掌握语言的过程实际上就是不断接受刺激、产生刺激反应的过程。该理论的主要代表人物有：

1. 华生

早在 20 世纪初期，华生就提出了行为主义的相关理论，标志着行为主义学习理论的产生。所谓行为主义，就是通过一些客观方法的运用进行的直接观察行为。他还指出，无论是人还是动物，都会进行一些有意义或无意义的行为，而这些行为无一例外都是受外界环境因素的影响并通过他们自身的学习而产生的，刺激与反应因素在这些行为产生的过程中也起到了很大的作用。基于以上观点，华生提出了"刺激－反应"公式。

2. 斯金纳

斯金纳在华生行为主义学习理论的基础上进行了继承与拓展。斯金纳认为人们的某些言语是受到一些相应的刺激才产生的，能引发人们说出某些言语的刺激主要可分为三种，即言语刺激、内部刺激和外部刺激。而在学习中，反复刺激是一种有效的学习模式和学习方法。对学习内容的反复刺激包括预习、练习、复习等有效措施。反复刺激的学习模式具有加强学习效果的显著作用。反复刺激还能帮助学习者学会使用恰当的语言形式进行表达。总而言之，反复刺激在学习过程中具有十分重要的作用。图 2-4 是有关行为主义的学习模式。

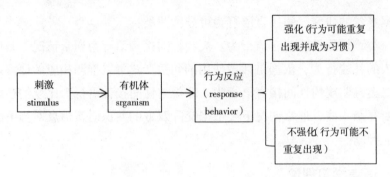

图 2-4　行为主义的学习模式

行为主义学习的理论在美国教育学界曾流行了五十多年,并且在当前的教育机制中仍占有重要地位。行为主义学习理论的主要表现在于教师能够实施一些干预活动来指导学习者的行为,从而帮助学生掌握相关语言知识和技能;除此之外,还表现为经常为学习者提供有关语言学习的材料。

（二）认知主义学习理论

从 20 世纪初期到 20 世纪中期左右,行为主义学习理论是语言学界地位最高的一种理论,但行为主义的学习理论有一个致命的缺陷,就是它把所有的思维行为归纳为"刺激－反应",没有考虑人的主观意识在语言学习中的重要作用,所以越来越多的学者开始提出反对意见。在这种情况下,认知主义学习理论逐渐崭露头角,并引起了学者们的关注。认知主义学习理论主要研究的内容是学习的内部条件和内部过程,它认为学习是一种认知结构,这种认知结构的形成依靠的是学习者对情境的领悟和认知。认知主义学习理论的代表性观点有苛勒的顿悟说、皮亚杰的发生认识论、布鲁纳的发现学习理论以及奥苏贝尔的认知－同化学习理论。

1.苛勒的顿悟说

苛勒是来自德国的心理学家,他主要研究的是格式塔理论。格式塔的含义是指被分离成部分的整体或一些组织结构。格式塔理论的主要观点是要想掌握一门语言,首先要弄清楚语言情境中对话双方之间的联系,然后才能构成完形,解决学习中遇到的困难或问题,达到最终的目的。在提出格式塔理论不久后,苛勒又提出了顿悟说,顿悟说的核心观点主要包括以下两个方面:

（1）学习不是外界刺激活动和学习者反应活动的简单连接,而是学习者带有一定目的进行了解和顿悟之后才形成的完形。

（2）学习内容的理解和掌握不是依靠出错后的总结归纳实现的，而是通过顿悟实现的。

2.皮亚杰的发生认识论

皮亚杰是来自瑞士的心理学家，他的代表观点是发生认识论，主要研究的内容是人的认识问题，包括概念认识、语言认识、认识发展等诸多方面。具体分析，他认为每个人从童年时期甚至胚胎时期就开始了认识活动，但人出生之后认识的形成和思维的发展以及影响思维产生的因素、思维的结构等相关问题都是需要研究的，这些属于认知发展的阶段性特征和认知机制问题，也是皮亚杰研究的重点。

皮亚杰通过建立可以直接观察的心理模型来探测和分析人脑活动的过程，还可以运用相对科学和客观的方法探究人类的复杂或者高级认知活动，他的研究行为促进了人们对自身的了解和认知。

3.布鲁纳的发现学习理论

美国教育心理学家布鲁纳的发现学习理论提出了学习的本质观点。布鲁纳认为学习的本质在于主动形成的认知结构，该结构的主要作用体现在感知和概括新事物方面。认知结构的形成需要一定的经验作基础，通过不断的变化，学习者能了解和学习到新知识的内部构成。

布鲁纳还把学习的过程分成了三个阶段，即知识的获得、知识的转换和知识的评价。任何学科知识的学习和掌握都要经历这三个阶段，所以从这个意义上来讲，发现学习是最科学、有效的学习方式。要想开展发现学习活动，教师首先要清楚学生是一切学习活动的中心，其次教师要通过一些准备工作激发学生探索学习的动机，随后通过引导学生观察、分析和归纳总结活动，最终使学生分析问题的能力和解决问题的能力得以提升。

4.奥苏贝尔的认知－同化学习理论

同为美国教育心理学家的奥苏贝尔在研究前人理论经验的基础上把学习从学习方式角度和学习资料与学习者知识结构的关系角度分为两个维度。

（1）学习方式。依据学习方式的划分标准，学习可以分为两种类型：

第一种，接受学习。接受学习是指教师通过定论形式把学习的内容传授给学生的一种学习方式，在此过程中学生是一个接受者的角色。

第二种，发现学习。发现学习与接受学习最大的区别在于发现学习不会将需要学习的内容直接传授给学生，而是通过设计一些活动让学生自己发现这些内容，并将这些内容添加到自己的认知结构中，从而掌握学习的内容。

（2）学习资料与学习者知识结构的关系。根据学习资料与学习者知识结构的关系对学习这一行为活动进行区分，可以将学习分为两种类型。

第一种，机械学习。机械学习，顾名思义，就是指学习者在没有理解所学知识真正含义的基础上机械地记忆部分学习内容的学习方法。

第二种，意义学习。意义学习的含义在于将相关语言符号代表的新的学习内容与学生已有的经验感受相结合，使学生在理解原文真实意义的基础上进行学习的学习方法。

综合以上两个不同维度对学习的分类和定义，可以将学习划分为以下四种类型：

第一种，有意义地接受学习。

第二种，有意义地发现学习。

第三种，机械地接受学习。

第四种，机械地发现学习。

在这四种类型中，奥苏贝尔提出有意义地接受学习是开展教学活动的首要目标，这种学习方式能帮助学习者在较短的时间内掌握大量的系统知识。他还认为有意义的学习过程就是学习者已有观念对新观念的同化过程，该过程中主要的同化学习方式有以下三种：总括学习、类属学习和并列结合学习。

其中，总括学习又称为上位学习，意思是学习者需要从已经掌握的部分从属观念中总结归纳出一个总的观念或观点；类属学习又可称为下位学习，下位学习的重点在于结合从属观念和总的观念，从而在这两种观念之间建立起一定的联系；并列结合学习方式可理解为学习者在学习过程中接触到的新知识与之前学习过的知识在某种程度上有相同之处，因此学习者可以根据之前掌握的知识理解新知识的意义。

三、教育学相关理论

教育学是一个研究历史悠久的专业，它研究的方向主要是教育知识、教育现象、教育规律、教育方法等与教育相关问题。外语教学在成为学校的一门学科之前就是教育学的研究范畴，高校的英语教学是一门针对外语教学的学科，因而也与教育学密切相关。英语教学活动的组织与开展需要教育学的相关理论来指导。例如，教学论、教学原则、教学方法等。

教育学中的教学论属于一般性的教学理论，高校英语教学是教学论的进一步拓展和细化，高校英语教学活动的开展也是教学论在实际教育工作中的运用。高校英语教学工作者必须掌握教学论的相关知识，以更好地指导自己的教育实践活动。教育学中很多常规性的教学原则和教学方法也适用于高校英语教学活动。常规的教学原则有科学性原则、启发性原则、直观性原则、循序渐进原则、可接受性原则等；常见的教学方法包括讲授法、演示法、讨论法、参观教学法、自主学习法、任务驱动教学法等。

接下来本书选择了教育学中与外语教学关系十分密切的三个分支学科来对教育学的相关理论进行详细论述。它们分别是教育经济学、教育心理学和外语教育技术学。

（一）教育经济学

从这一学科的名称可以看出，教育经济学主要研究的是教育造成的经济效益问题，这一研究方向和研究内容都比较新颖。用教育经济学的视角研究高校英语教学，其关注的焦点在于这一课程的受益方。研究教育经济学的理论对开展高校英语教学活动来说具有两方面的意义。

1.宏观意义

（1）当今时代，国家与社会发展建设急需的资源就是人才资源，而高校作为人才成长的摇篮，担负着培养人才的重任，英语课程的改革也要以此为目标，为国家和社会培养语言知识技能突出、全面发展的人才。

（2）在经济全球化飞速发展的今天，国家和国家之间的沟通与合作越来越频繁，在这种背景下，英语是国际通用的语言，英语人才是开展国际合作的媒介，是国家参与国际竞争、企业走向国际舞台的重要辅助因素。

（3）从学生发展的角度来说，高校开展英语教育是为了促进学生综合素质的培养和提升，进而促进学生的全面发展。英语教育的开展不仅能帮助学生掌握英语语言知识和技能，还有利于他们了解不同国家、民族的文化，从而提高他们的跨文化交际能力。

2.微观意义

研究教育经济学的微观意义要从教学费用和课程效益方面评估。例如，费用评估可能涉及的问题有：

（1）教师的薪酬。

（2）教学场地的花费。

（3）培训英语教师所需要的费用。

（4）教学管理人员所需工作费用。

（5）教材和其他教具、教学资源的费用。

（二）教育心理学

教育心理学作为心理学的一个分支，其研究的主要内容是教育主体在受教育过程中的心理活动变化情况，包括教育主体的心理活动规律以及该规律对教学活动和教学效果的影响。例如，学习者的个性特征、思想发展规律、学习习惯等对教学活动开展的影响。

教育心理学与英语教学中的学习动机的激发、语言知识教学、语言技能训练、交际能力培养等方面联系紧密。用教育心理学的理论指导高校英语教学工作的开展是高校教育事业发展和完善的重要途径，如果高校英语教育教学工作者能在开展教学工作的过程中考虑到学生学习英语的心理规律和真实想法，那么他们的工作效率和教学水平都会得到很大的提升。

（三）外语教育技术学

当前，随着互联网信息技术在各行各业的普及和应用，在开展外语教学活动的过程中发挥信息技术的优势作用成为广大高校的选择，这也是适应时代发展和社会需求的新型教育教学方式。外语教育技术学就是基于以上背景产生的一门新的学科专业。具体分析，外语教育技术学的出现转变了传统外语教学的基本范式，集外语教育学科构成要素和技术学科表现要素于一体，并利用这些要素构成了基本的学科框架体系。作为一门新兴的学科，外语教育技术学采用了交叉研究的方法，将语言学、教育学、技术学等多门学科的研究内容科学地融合在一起，确定了自己的研究方向和内容。

外语教育技术学研究的主要内容就是外语教育的应用技术，其中涉及了外语教育技术的相关概念、原理等构成部分以及外语教育技术的规律性和逻辑性等特征，具有较强的实践性与应用性。

将外语教育技术学应用于教学实践过程中的具体操作就是：学生在上课之前需要观看教师准备的预习资料或教学视频，并记录自己预习过程中遇到的问题，然后在正式的上课过程中向教师请教问题的答案，以加深自己对专业知识的理解，然后通过自主学习或者合作学习的方式完成教师布置的作业，教师通过在线课堂系统批改作业，为学生提供帮助。与传统的课堂教学模式相比，外语教育技术学模式充分利用了网络信息技术的科学性和便利优势。

当前，高校英语教学的工作重点在于整合传统教学模式与网络信息技术的应用以改进教学方法、提高教学质量。这种信息技术与传统课堂教学模式的融合应用不仅能激发学生的学习兴趣，还能实现教育资源的共享和课程建设的革新，是英语教学改革的有益尝试。

第三章　高校英语教育的教学组成

第一节　高校英语教学内容

　　教学内容是指在教学活动中为了实现教学目标，教师和学生共同作用的知识、技能、观点、原理、事实等的总和。教学内容是教师要传授给学生的内容，它不仅仅指语言知识，也不是一种经历，而是一种特殊的知识系统。教师在选择和确定教学内容的过程中既要考虑英语作为一种语言本身的知识体系，又要考虑到与英语相关的一些影响因素，如社会文化因素等，同时还要结合学生的身心特点和学习需求。具体分析，高校英语教学的教学内容可分为以下四大类，即语言类、文化类、策略类和态度类。将这四大类继续划分，又可分为以下八项内容，如图 3-1 所示。

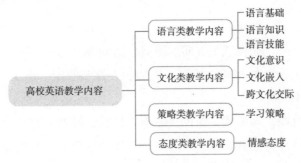

图 3-1　高校英语教学内容

接下来我们详细介绍一下这八项内容。

一、语言类教学内容

（一）语言基础

高校英语教学中语言基础类教学内容又包括语法结构项目和功能意念项目。

1.语法结构项目

（1）词语层面，包括各类名词、动词、形容词、数词、限定词、副词、介词、构词法和被动语态等。

（2）句子层面，包括句子成分、句子结构、句型、各种从句、同位语、直接／间接引语等。

（3）超语句层面，包括强调、省略、替代、插入语、倒装语序、标定符号等。

2.功能意念项目

（1）表示态度，如相信、愿意、同意、认定、怀疑、抱怨、责备、不确定等。

（2）表示寒暄，如问候、同情、祝贺、邀请、介绍、致谢、告别、道歉等。

（3）表示情感，如开心、焦虑、担心、忧愁、满意、愤恨、恐惧、失望等。

（4）表示信息，如定义、概念、概括、总结、阐述、叙述、描述、辩论等。

（5）表示时间，如时刻、时段、频度、时间关系等。

（6）表示空间，如位置、方向、距离、运动等。

（7）表示关系，如相同、相似、类似、假设、假定、所属、因果、让步、目的、条件、不同等。

（8）表示特性，如形状、颜色、体积、材料、规格、功能等。

（9）表示计算，如加、减、乘、除、倍数、百分数、分数等。

（10）表示计量，如长度、宽度、高度、深度、温度、速度、平均、比例、容量、限度等。

（二）语言知识

英语语言知识是综合英语运用能力的重要组成，是学习和运用外国语言必不可少的内容，没有扎实的语言知识就不能很好地掌握这门语言。英语语言知识包括英语的诞生和历史演变、英语在现代国际社会中的广泛应用等知识内容。

（三）语言技能

《英语课程标准》指出英语语言技能包括听、说、读、写四种技能以及这四种技能的综合运用。实践证明，这四种能力的培养和提升有利于激发学生学习英语的兴趣，提高学生的自信心，也有助于教学质量的提升。

1.听力技能

（1）辨别音素。

（2）辨别重音。

（3）辨别语调。

（4）听对话时理解话语的真实含义和对话内容。

（5）听文章或新闻报道时理解语篇的主题或大致含义。

（6）听演讲或报告时领会说话人的观点、态度和意图。

2.说（表达）技能

（1）发音和语调都十分标准。

（2）不仅能用英语回答他人的问题，还能用英语发问。

（3）在听到或看到一个故事之后，可以大致复述故事的内容。

（4）可以就日常生活、学习、工作话题展开对话。

（5）可以就日常话题作出一个口头作文或发表评论。

（6）可以发表即兴的简短的演讲或讲话。

3.阅读技能

（1）理解文章的主题或中心思想。

（2）通过大致浏览能明白文章大意。

（3）快速阅读查找特定信息。

（4）仔细阅读辨别关键细节。

（5）区分客观事实和主观看法。

（6）根据上下文语境推测不认识单词或短语的含义。

（7）理解复杂句子的内部关系。

（8）推测论述文章后续。

（9）给文章做结论。

4.写作技能

（1）写出正确的句子。

（2）写出表述合理、逻辑顺畅的段落。

（3）写各类短文和文章，如描写文、叙事文、说明文、应用文等。

5.翻译技能

能进行简单的口译和笔译，灵活运用各种翻译方法，如图3-2所示。

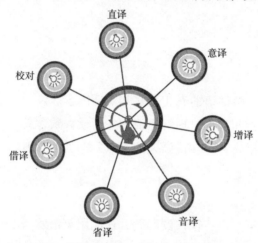

图 3-2　语言技能中的翻译方法技能

二、文化类教学内容

（一）文化意识

在高校英语教学中，英美文化指以英语为母语的国家的生活方式、历史地理、风俗习惯、宗教信仰等。认识和了解英美国家的历史和文化对于学生理解和使用英语十分有帮助，但在学习英美文化的过程中学生不可避免地会接触到英美国家特有的文化观和价值观。因此英语教师在开展英美文化教学的过程中要积极引导学生树立正确的文化意识，在讲授英美文化知识的同时通过中西方文化的对比引入中国文化的内容作为课堂教学的内容之一。通过进行中西文化的对比培养学生对多元文化的敏感意识、对国家发展与国际关系的密切关注。中国文化博大精深、源远流长，中国文化的引入有利于培养学生的爱国情感和文化自信心，进而提高学生的人文素养，培养学生的文化意识。

（二）文化嵌入

1.文化行为项目

（1）日常生活，包括穿衣打扮、饮食用餐、居住条件、交通出行、购物旅行、医疗服务、节假日习俗、搬家等。

（2）家庭生活，包括家庭成员、亲戚构成、家庭聚会、家庭分工、家庭消费、家庭纠纷等。

（3）人际关系，包括寒暄、介绍、交友、会客、聚会、送礼、祝贺、安慰、打电话、通信、邀约、拜访、帮助、拒绝、合作、对抗等。

（4）接受教育，包括幼儿教育、青少年教育、成人教育、学校教育、职业教育、课外活动、校园生活、教育实习、社会教育等。

（5）娱乐消遣，包括看电影、看电视节目、看演唱会、听广播、听音乐、观看戏剧表演、参与体育锻炼、参与各类户外活动等。

（6）情感态度，包括高兴、兴奋、沮丧、感谢、同情、赞美、讨厌、惊讶、道歉、服从、道歉、妥协、爱慕等。

（7）观点意见，包括同意、反对、中立、赞成、商讨、评价等。

（8）婚姻习俗，包括恋爱、婚姻、婚礼、结婚、离婚、生育、育儿等。

（9）个人隐私，包括年龄大小、经济收入、婚姻状况、家庭状况、受教育情况、工作情况、宗教信仰、政治立场等。

（10）时空概念，包括肢体接触、人际交往距离、时间观念、时间划定、时间分配等。

（11）宗教活动，包括宗教派别、宗教教义、宗教仪式、宗教节日、宗教人物、宗教著作等。

2.文化心理项目

（1）社会价值观，包括个人与集体的关系、竞争意识、男女地位、权威与业余、社会阶层划分等。

（2）人生价值观，包括理想、意义、成就、金钱、荣誉等。

（3）人类与自然，包括战胜自然、征服自然、适应自然、天人合一、和谐相处等。

（4）伦理道德观念，包括公平与正义、善良与邪恶、良知与利益、经济发展与环境保护等。

（三）跨文化交际

1. 全球化文化环境

20世纪90年代以来，随着改革开放进程的日益扩大，我国的传统文化思想与文化观念受到外来思想文化的影响越来越大。与此同时，我们深刻地感受到了生活观念、经济观念和文化思想观念正在发生重大的变革，所有的事物似乎已经脱离原来的发展规范，发生着肉眼可见的变化。90年代也是流行文化盛行的时期，一些学者通过研究流行文化的发展，表达了自己独特的文化思想，这些文化思想冲击着人们原有的认知，对人们的生活产生了重要影响。这些文化行为和文化现象的产生也标志着我们已经不受控制地融入了全球化的文化发展环境。

2. 文化与语言

文化与语言是相辅相成、难以分割的关系。

（1）语言对于文化来说，既是文化的载体，又是文化的风向标。语言作为文化最重要也最常见的一种载体，对文化的产生、存在、发展和传播、传承都起到了重要作用。语言是文化的风向标主要体现为语言在一定程度上引导着文化。不同的文化面对相同或不同的客观现实，会创造出不同的语言，语言可以引导人们去认识、去了解其他文化接触和改造外部世界的方式。

（2）文化对于语言来说，主要有两个方面的作用。一是文化为语言的发展提供温床，没有文化，语言就不会存在，就失去了发展的条件。语言与文化一起体现了民族的思维方式、思想信念和行为准则。二是文化制约着语言的运用。语言的选择和运用受到语境的影响，语境是语言生成和理解的先决条件，而文化又是语境最主要的组成部分，所以说语言的运用受到文化因素的制约。不同时期的文化不断地将当时的文化精髓注入语言之中，因而文化是促进语言更新换代的催动力，是语言表现的基本内容，文化的发展与变化制约着语言的选择和运用。

综上所述，语言是文化的一部分，语言时刻反映着文化，文化需要语言来承载、传播和传承；语言与文化相互作用，相互影响。语言不能脱离特定的文化而单独存在，文化的传播与发展也离不开语言。

3. 文化与交际

此处主要是指文化差异对跨文化交际的影响。来自不同文化背景的交际双方在交际过程中如果事先没有了解对方的文化，通常就会产生跨文化交际的障碍。跨文化交际障碍指不同文化背景的人们在开展交际活动的过程中，会下意识地认为对方与自己没有很大的差别，而一旦发现对方的某些言语行为与自己的期望严重不符，就会产生困惑、怀疑、失望等情绪，进而造成交际失败。这一现象的产生主要因素是刻板印象在起作用，刻板印象形成的原因大都是个人没有足够的时间去了解和接受某一文化。刻板印象一旦形成，就很难纠正、改变，刻板印象主要包括语言障碍、心理障碍、文化定式、文化偏见、民族中心主义。

跨文化语言交际指一种语言的使用者与另外一种语言使用者之间的交际，也可以指任何在语言和文化背景方面存在差异的人们之间的交际。例如，当两位交际者交际时使用的语言相同，但文化背景不同时，他们的交际过程也称为跨文化交际。在跨文化交际的过程中，能与交际对方进行无障碍的交流是交际者的最大心愿，现实中这种想法很难实现，因为绝大多数人的交际有效性和适宜性都受到多种因素的影响。在此列举较为常见的几类：

（1）语言的局限性。语言问题是阻碍交际双方顺畅交流的首要问题。即使交际双方使用同一种语言，但对语言系统本身的不够了解和语言中涉及的文化问题仍然存在，会给交际造成各种障碍。语言系统中的问题有发音不标准、语义不清、词汇缺失等问题，语言中的文化问题有词语中的文化概念不对等、文化联想差异等。

（2）思维方式的差异。由于各民族生存的文化环境不同、使用的语言不同，导致跨文化交际双方的思维方式不同。文化环境的主要构成因素有语言文字、哲学思想、生产方式、历史传统等。其中语言是感知和认识世界的重要手段，语言能体现思维方式。思维方式的差异导致交际双方看待事物的观点不同，进而处理事情的方法和思路也会不同。

（3）交际风格的差异。交际风格是指在交际过程中，人们传递和接收信息时喜欢或习惯采用的方式。例如，一般而言，中国人在谈话中习惯表现得十分谦卑，相信言多必失，沉默是金；并且中国人对交谈双方的地位关系十分敏感,认为人际交往的主要目的就是为了促进二人之间的关系。美国人则喜欢展示自己的自信,喜欢就事论事,会为了解决问题与对方展开详尽的交谈,不太注重社会文化因素和人际关系对谈话结果的影响。

4.文化多元化

世界上有2000多个大大小小的民族,分布在200多个国家和地区。由于各个国家和地区自然条件、地理环境、历史背景、气候状况、生活方式等方面的差异,导致这些民族孕育出了不同的民族个性,催生出了不同的文化传统,使世界上的文化呈现出多元化与多样性。在全球一体化趋势发展之前,各个文化处于相对独立发展的状态,受外来文化影响较小;伴随着全球一体化进程的加快,各个文化之间的交流也越来越频繁。多元文化促进了文化之间的沟通,但外来文化与原有文化的激荡与碰撞,肯定会冲击原有的主流文化。

在这种环境下,高校英语教师必须帮助学生树立正确的文化观,既要坚守本民族的优秀传统文化,又要尊重其他民族的文化,相互学习,互相理解,尊重文化的多样性,遵循各民族文化一律平等的原则。与此同时,高校英语教师还应对照社会主义核心价值观和中国文化价值观,努力挖掘大学英语教材中体现社会主义核心价值观的素材、元素,适时地对高校学生进行价值引领,要使高校学生意识到他们学习英语的目的不仅仅是了解西方文化、参与国际交流,更重要的是深谙中国文化和中国国情,并且向世界讲述中国发展的故事,在世界舞台展示中国新形象,做中国文化的传承者和传播者。

三、策略类教学内容

此处的策略类教学内容指引导学生开展有效学习的学习策略。具体分析,是学生为有效的学习英语和发展英语能力而采取的各种行动和步骤。实践证明,有效英语学习策略包括认知策略、调控策略、资源策略、交流策略、语境策略等,教给学生正确的学习策略有助于学生树立英语学习的信心,提高英语学习的效率,从而为终身学习、终身教育奠定基础。

四、态度类教学内容

态度类教学内容主要指情感态度教学。情感态度指影响学生学习过程和学习效果的信心、兴趣、动机、意志力等相关因素以及在学习过程中形成的民族意识、政治素质、爱国情感和国际化视野。具体来讲,在开展英语教学的活动中，教师应采用各种方式方法培养学生学习英语的兴趣、激发他们学习英语的动机、帮助他们树立学好英语的自信心，体验学习的痛苦与快乐，认识自身的优势和不足，多与同学用英语交流练习，培养爱国情感和爱学习的态度。

除此之外，英语教师还可以搜集一些以英语为目的语的思政教学补充素材作为教学内容激发学生学习英语的兴趣，并培养学生的民族意识、政治素质和爱国情感。接下来我们通过举例的方式列举几类以英语为目的语的思政教学补充素材。

（一）国家领导人讲话

《习近平谈治国理政》（中文版和英文版）一书收入了习近平总书记在2012年11月15日至2014年6月13日这段时间内的讲话、谈话、演讲、答问、批示、贺信等79篇，分为18个专题。为帮助各国读者了解中国社会制度和历史文化，本书作了必要注释。这本书可作为英语课堂教学使用的思政素材或学生开展课下阅读的语言材料，通过对这本书的学习，既能提高学生的用英语讲述中国社会制度、历史文化和现代化发展建设的能力，又能提升学生的政治素养。

（二）中国文化典籍英译版本

中国文化典籍是记录中国文化、传承中华文明的瑰宝，使用《论语》英文版、《道德经》英文版、《弟子规》英文版作为思政资源素材开展英语教学能帮助学生了解中国传统文化的精髓，培养学生的民族意识。

（三）中国英文媒体报道

中国英文媒体报道，如新华社（Xinhua News Agency）、《中国日报》（China Daily）、《上海日报》（Shanghai Daily）、《北京周报》（Beijing Review）、《人民日报》（People's Daily）、《今日中国》（China Today）、《求是》（Qiushi）、中国国际广播电台（China radio International，CRI）、中国环球电视网（China global television network，CGTN）、中国网（China news）、《环球时报》（global times）等，这些媒体的报道与评论有很多都可以在网上找到电子版的内容，由于其具有语言专业、时事性强的特点，因而也可以作为学生课内外阅读的素材，阅读这些材料既能提高学生的英语语言表达能力，又能提高学生的道德修养和政治素质。

这些思政补充素材让中国历史文化、中国时政穿上外语的外衣，融英语语言教学和思政教育于一体，使大学英语语言教学与思政教学无缝对接，增强了大学英语教学的思想性和问题意识，使学生在学习英语的同时站稳思政立场，增强中国文化自信和文化责任感，树立正确的价值观，自觉把个人的理想追求融入国家和民族的事业中，在实现中华民族伟大复兴中国梦的生动实践中放飞自己的青春梦想。

第二节　高校英语教学模式

英语教学模式是在长期的教学实践中经过教学工作者们的反复探索、总结、归纳而形成的、科学的、富有成效的教学模式。在高校英语教学实践中，教师应根据教学目标和教学内容并结合学生的实际情况选择合适的教学模式传授教学知识和技能，培养学生的语言素质，提高学生的语言水平。根据近年的研究实践可以发现，单一的讲解式教学模式已经无法满足当前教学实际的需要，而采用参与式教学模式、多元智能教学模式等多元化手段组织教学活动能取得较好的教学效果。

一、探究式教学模式

（一）参与式教学概述

1."参与"的内涵

首先，就"参与"一词的定义来讲，参与就是参加，是会对某件事或某个人的发生、发展产生一定作用的参与。具体分析，"参与"一词具有以下几点内涵：

（1）思想理念。参与是一种思想理念，强调所有相关人员都要介入相关事情发展所需的计划、决策、实施、监控、评价等活动中来。

（2）实践活动。参与是一种实践性的活动，它不只是一种空想，在活动开展过程中所有相关人员都要保证其身在现场，并且活动最终的结果是所有人员努力得到的结果。

（3）一个过程。参与是一个过程，是一个不断发展、变化的过程，在这个过程中，参与者要时刻提醒自己是过程中不可缺少的一部分，而不是旁观者，参与者要清楚地知道自己参与过程的目的是提高自己的自主性、自信心和合作能力。

（4）一种状态。参与是投入者的一种状态，这个状态不是静止不动的，而是充满变化的。在这个不断变化的状态中，个体的发展体现在个体在这一状态中投入的时间、精力和情感，体现在与其他个体互动的体验，还体现在个体与群体之间相互影响的方式和程度等；群体的发展则主要体现在参与者的总体投入状况，包括组成的小组类型、小组内的角色分工、合作机制、发展阶段和特点等。

2.参与式教学模式的概念

通过对"参与"一词的内涵分析，我们可以对参与式教学模式的概念有所判断：

参与式教学模式是指在平等、自由和民主的教学环境中，以教师以学生为中心开展的、教学方法和手段多样的、学生积极主动参与的、以促进学生全面发展和进步为目的的一种教学模式。与传统教学模式不同的是，参与式教学模式不再以教师和教材为教学活动的中心，而是以学生为中心，以学生为主体。主体参与教学活动不仅可以激发学生的主动性和表现力，还能活跃课堂气氛，营造学习氛围。通过主体参与，学生将有机会根据自己的学习需求和学习计划选择教学内容，对教学方法、教学进度提出自己的建议和意见，积极参与教学活动过程并评价教学过程、教学效果，从而充分发挥自己的主观能动性。

（二）参与式教学模式特征

参与式教学模式继承了传统教学模式中科学合理的部分，同时又有所发展和突破。通常情况下，参与式教学模式呈现出六大特征，如图3-3所示。

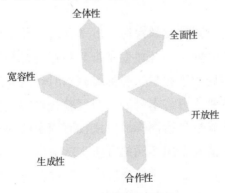

图3-3　参与式教学模式的六大特征

1.全体性

全体性是指全体师生都要参与到教学过程中来。所有教师和所有学生都要参与进来，没有旁观者。所有学生不分成绩好坏，也不论个性特征，都有平等参与过程的机会，教师不得差别对待，如在选择学生回答问题、表达自己观点的时候，教师不能只选择成绩好的学生。同时，所有的教师都要参与到教学活动中来是指教学活动的设计不是某一位教师唱独角戏，而是同一学科类别的各位教师、同一年级的各位教师都要加强交流，在交流中分享教学方法，了解学生表现，学习教学技能，提高教学认知。

2.全面性

全面性是指师生要参与到教学过程中的各个环节，各项流程，实现全方位的参与。教学是一个过程，这个过程由诸多环节组成。师生参与教学过程，就要参与教学过程的各个环节。具体分析教学过程的环节，可分为课前、课中和课后，其中：

课前参与是指师生共同进行教学设计，为即将开展的课堂教学活动做准备，如确定教学目标、明确重点和难点、选择教学方法和教学手段、准备教具等；

课中参与是指学生通过观察、提问、参与讨论等形式加入教学过程；

课后参与是指学生通过查找资料、讨论问题、参与实践合作等方式直接与同学和教师交流。

在整个教学过程中，学生可以根据自己的参与体验向教师提出教学改进的意见或建议，或对教学过程实施监控。

3.开放性

参与式教学模式强调对教学内容、教学方法、教学媒体以及教学评价的开放性。其中，对教学内容的开放性是指教师在选择和设计教学内容时以教材内容为依托，但不局限于教材，教师要根据时代的发展和学生的需求开发新的教学内容；学生要注意将本身的学习经验与教师传授的知识内容结合起来。对教学方法的开放性是指同样的方法没有固定的模式，教师要根据教学实际情况和学生发展情况采用不同的方法，学生也可以依据自己的需求和爱好选择适合自己的学习方法。对教学媒体的开放性是指现代教育技术是参与式教学中使用的媒体技术，教师可以利用现代教育技术进行备课和上课，学生也可以利用现代教育技术开展学习，把自己的学习疑问和教学建议及时反馈给学校和教师。对教学评价的开放性是指教学评价的类型不只是教师对学生学习情况的评价，还有学生对教师教学水平、教学能力的评价。评价应保证客观、公正。

4.合作性

合作性强调的是教师和学生之间的合作伙伴关系。教师和学生共同参与教学活动的过程就是他们之间平等合作的过程。教师和学生一起发现问题、提出问题、研究问题、解决问题，最终完成教学任务。教师和学生合作的过程也是多元思想和理念交流的过程。

5.生成性

生成性特征强调的是学生要主动理解和建构学到的知识。参与式教学要求学生主动参与到教学活动中来，通过理解和吸收课堂上学到的知识以及课外拓展知识，构建生成自己的知识系统。这一过程是一个动态发展的过程。

6.宽容性

宽容性特征强调师生之间应互相保持宽容的、理解的心态，尤其是教师在参与式教学中要在一定范围内给予学生自由发言的权利，只有这样学生才能开拓思维，发表不同的想法；针对学生的反对意见和错误言行，教师也要加以包容，不能一味地批评和指责，否则，会打击学生参与教学活动的积极性。

（三）参与式教学模式和方法

在参与式教学活动中没有固定的教学模式，教学方法会随着教学内容、教学目的以及学生情况的变化而变化。国内外参与式教学模式和方法有提问、角色扮演、小组讨论、案例分析、组织辩论等。由于篇幅有限，此处主要介绍两种参与式教学方法模式，即提问法和头脑风暴法。

1.提问法

提问法是参与式教学模式中使用最为频繁的方法。提问法具有以下四点重要作用。

（1）提问法的主要作用是为了检查学习者对所学知识的掌握程度，也是为了检查某一阶段的教学成果；

（2）提问法还可以及时跟进学习者的学习状态，看他们是否认真听讲，是否一直保持着对学习的热情；

（3）提问法在询问学生的认知经历或对某事物的评价看法时促进了学习者思考能力和思维能力的提升；

（4）提问法还具有承前启后的作用，可以帮助师生自然地过渡到下一阶段的学习。

根据以上分析可以看出，提问法的作用很明显，但提问法使用不当也会给学习者造成很大的压力，使他们害怕教师的提问，从而不利于师生之间的平等交流。为了避免这种情况的发生，教师要从以下三个角度出发提问：

（1）教师只提与教学目标和教学内容相关的问题，不提与学习内容无关、分散学生注意力的问题；

（2）教师根据学生的能力水平提问，不提超出学生回答能力的问题，可以提有一定难度的问题，但不要求学生回答得完全正确；

（3）教师不提故意刁难学生的问题，要照顾学生的自尊心和自信心。

与此同时，为了提升学生回答问题的速度与质量，教师提的问题要有质量，一些不合适的问题不要提；尽量提一些符合学生身心发展规律的高质量问题，例如：

（1）开放式问题。此类问题通常以 W 或 H 开头的特殊疑问词组成，如 what、where、who、how 等。

（2）确认理解问题。此类问题具体又可分为三类：

第一类，确认学生理解了教师的提问；

第二类，确认教师理解了学习者的回答；

第三类，确认学生完成了自己的回答并不会修改。

而不合适的、低质量的问题也主要分为以下三类：

第一类，只能用"是"或"不是"回答的封闭式问题；

第二类，给予学生答案或具有明显暗示的引导式问题；

第三类，只能答出部分答案的多重式问题或过于简单的问题。

与此同时，教师要为学习者营造轻松、愉悦的学习环境，只有这样才能集中学生的注意力，让学生愿意交流思想、回答问题。

2.头脑风暴法

头脑风暴法，又称 brainstorming，是美国学者阿里克斯·奥斯于 19 世纪

30 年代末期提出的参与式教学模式，是针对学习者创造能力提升的训练方法。"头脑风暴"一词来源于精神病理学，一开始用来喻指精神病患者精神错乱的状态，后用来比喻人的思维十分活跃，人的大脑在相互碰撞、相互讨论中产生了新的观念和新的设想。头脑风暴法的特点是学习者根据特定的话题或议题，发散思维，敞开思想，快速地、不受约束地表达自己的观点和想法，来自不同学习者的不同的设想相互碰撞、互相影响，从而在学习者的脑海中激起创造的风暴。

"头脑风暴"的参与面很广，每个人都在毫不吝啬地分享自己的观点，因而从旁观者的角度看学习者们讨论得十分激烈，但激烈并不等同于有效。科学有效的头脑风暴并不容易组织。英语教师组织头脑风暴活动要遵循以下环节和原则。

（1）英语教师组织头脑风暴活动需要遵循的基本环节有六个。

第一，明确议题。教师要明确议题，最好以书面语的形式写到黑板或展示板上，这样所有的参与者就能清楚地看到这个议题，并且在讨论的过程中看到这个议题名称也不容易跑题。

第二，准备资料。在正式开始发表意见之前，为了提高参与者的表达效率和整个活动的效率，教师可以在讨论前准备一些资料，以便参与者了解议题的相关背景知识。

第三，确定人选。组织头脑风暴活动一般需要 8 ~ 10 个人，也可以是 6 ~ 8 个人，人太多了不容易组织管理，人太少了起不到激发思维的作用。

第四，明确分工。教师要分别选出服务活动的一名主持人和一名记录员。主持人主要负责的工作是重申议题，强调纪律，启发引导，掌握进程；记录员的主要职责则是简要记录所有相关设想。

第五，规定纪律。无规矩不成方圆。根据头脑风暴的原则，教师可以规定几条纪律，要求参与者遵守，以便活动的有序进行。

第六，掌握时间。讨论的时间由教师与主持人掌握，不适合在讨论前定死，一般来说，几十分钟即可。

（2）基本原则。在高校英语教学过程中实施头脑风暴法的基本原则如图 3-4 所示。

第一，自由畅谈。这一原则是最基本也是最主要的原则。参与者运用自己掌握的知识自由地发表评论，可以从不同的角度、层次出发大胆地展开想象和论述,不必担心自己的观点过于独特,教师和其他参与者都能以宽容的心态包容不同的意见和想法。

第二,延迟评判。开展头脑风暴活动是为了激发参与者们勇于发表自己的看法,不是为了评判某一观点是否正确,因此必须坚持不能当场否定某一看法,也不要发表评论性的意见,否则可能打击参与者发言的积极性和自信心,所有的评价要延迟到活动结束后进行。

第三,禁止批评。禁止批评是头脑风暴法应该遵循的一个重要原则,也是对延迟评判原则的一个延伸。参与这项活动的每个参与者都要尊重他人的设想,不要随意提出否定或批评意见,以免抑制创造性思维。

第四,追求数量。追求数量原则是因为头脑风暴会议的目标是收获尽可能多的创新设想,因而追求数量也是它的一项重要原则。

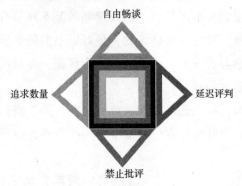

图 3-4　头脑风暴法的实施原则

二、多元智能教学模式

(一)多元智能内涵

美国心理学教授霍华德·加德纳(Howard Gardner)提出每个人无论智力高低都具有至少七种智能——语言智能、逻辑—数学智能、空间智能、身体运动智能、音乐智能、人际智能、内省智能,每个人的各种能力混合在一起构成了个体独特的认知能力。随后,他又提出了人体具有自然观察智能和存在智能的观点。通常情况下,适当的外界刺激加上个体本身的努力,都可以加强和发展个体本身的智能。

1．语言智能

语言智能是个体用文字思考、用语言表达自我和欣赏语言蕴含奥妙的能力。就像加德纳所说的，语言就是诗人表现出的对语言文字的掌握和应用能力。这种智能不仅体现在个体对书面语和口语的敏感程度上，还体现在个体学习语言以及运用语言实现一定目的的能力。像诗人、文学家、记者、律师、演说家、朗诵家、主持人、配音演员等一般都具有高度的语言智能，他们使用语言描述事物、传递信息、表达情感、激发共鸣、说服他人的能力是一般人所不具有的。

2．逻辑—数学智能

逻辑—数学智能是人能够计算、量化、考虑命题和假设，且进行复杂数学运算的能力。使用这种智能完成某件事的步骤通常包括类聚、判别、推理、概括、计算、假设和检验。数学家、科学家、会计师、工程师、电脑程序设计师一般都具有很强的逻辑—数学智能。

3．空间智能

空间智能即在脑中形成外部空间世界模式并运用和操作这种模式的能力。这种智能帮助个体以更加复杂的三维空间的方式思考，且会使个体对色彩、线条、结构、空间关系表现出很强的敏感度。因此，画家、设计师、雕刻师、建筑师、飞行员都需要具备高于一般人的视觉空间智能。

4．身体运动智能

身体运动智能是指个体运用控制自己的身体表达思想、情感，进行创作、运动或其他活动的一种能力。主要包括个体身体的协调性、技巧性、平衡性，对速度、力量的控制以及身体的感知能力和触觉能力。例如，外科医生对手上力度和技巧的控制，舞蹈家对肢体动作的控制，运动员对肌肉和力量的控制等。

5．音乐智能

音乐智能是一种能感受、辨别、区分、创作声音曲调以及运用音乐表达自我的能力。音乐智能突出的人就是人们所说的音乐天赋较高、对声音和节奏异常敏感的人。例如，歌唱家、各种乐器演奏家、指挥家、作曲家、调音师等都具有突出的音乐智能，他们分别运用自己的音乐天赋为人们带来了听觉上的刺激和享受。

6.人际智能

人际智能是一种能理解他人、与他人产生共情并开展有效交往的能力。像成功的政治家、教师、推销员、服务员、心理学家都具有较高的人际智能。他们往往能很好地感知他人的心理需求、情绪变化、动机和意图。

7.内省智能

内省智能是一种能够深入自身内心世界、构建正确自我知觉并运用其规划自我人生的能力。具体可表现为对自身有着准确定位,了解自身真实需求和变化,能控制自身情绪变化、控制自身言行一致的能力。这些在哲学家、神学家、成功企业家等人身上都有突出的表现。

8.自然观察智能

自然观察智能是指个体能够仔细观察、发现环境的特点与变化,并运用这种能力开展生产、研究等事业的能力。自然观察智能突出的人善于辨别两个相似自然物种之间的差异,对生存环境的变化异常敏感。猎人、植物学家、动物学家、考古学家就是自然观察智能突出的那一类人。

9.存在智能

存在智能是一种对人生和宇宙终极状态的思考能力。存在智能的核心是个体在广阔无垠的宇宙中自我定位的能力以及在现实人类生活环境中思考存在等哲学问题的能力。例如:在人类未出现之前,地球是一种什么样的状态?人类生存和发展的意义是什么?这也是哲学家、宗教学家会思考和讨论的问题,因而他们都是智能发达的人。

（二）多元智能原则

1.关于智能本身性质的原则

（1）多元智能理论提出的智能模式不是固定不变的,除了上述九种智能,还可能存在其他智能类型。

（2）每一种智能都有其独特性,但它们不是独立存在的,这些智能之间是相互影响、相互补充、共同存在的关系。

（3）每一种智能都可以细分为多种次类智能。例如,音乐智能可分为演唱智能、演奏智能、作曲智能、指挥演奏智能等次类智能。

2.关于人类智能发展的原则

（1）人类各种类型的智能是生来就有的，就像是人的天赋一样，每个人都有至少其中几种智能。但因为遗传因素、成长环境因素、受教育方式因素的差别，每个人各种智能的发展程度是有很大差异的，而且每个人会采用不同的方式、手段整合这些智能。

（2）就某一单一智能来讲，智能是在不断发展变化的，尤其在外界环境的影响下智能会被强化或削弱，外界文化是影响智能发展的重要因素。

（3）不同个体的不同智能都有其独特的发展阶段和顺序。任何一种智能的发展过程都至少经历了四个发展阶段，即邂逅阶段—使用阶段—教育阶段—接受阶段。

（4）每一种智能都是能够被培养和教育的。虽然与生俱来的智能各不相同，但智能的成长和成熟基本上是在个体青春期及以后的时间，智能的出色发展关键在于人为的培养和教育。

（三）多元智能英语教学模式

当今时代，社会的发展和时代的进步更需要综合能力较强的人才。因而培养学生的综合素质、发展学生的多元智能成为 21 世纪英语教学的趋势。很多学者都在研究将多元智能理论与英语课堂教学整合应用的方法和模式。实践证明，将多元智能的理念渗透到英语课程中，开发多元智能教学模式和教学设计，是多元智能理论在英语教学中的有效实施。例如，设计多元教学和安排多元课程规划表。

设计多元教学是指把某个智能作为所学科目的单位，设计出与该智能相关的活动。比如在人际交往科目训练中，可以设计培养学生人机智能的一些活动：组织一次英语晚会、参加一次英语演讲比赛、与同学合作进行英语诗歌朗诵等。在具体的实施过程中，允许学生选择自己擅长的表达方式或方法，鼓励学生通过各种途径展示自己的英语才华。而安排多元课程规划表具体是指把智能目标落实到英语课程设计或单元教学规划中，将智能培养与课堂教学有机结合在一起。在这个过程中，教师首先应当确定哪些是学生应该掌握的有教育意义的知识，训练哪方面的智能有助于培养学生的综合素质。教师设计的教案应包括课程或单元名称、课程或单元目标、课程实施需要的教学资源、教学步骤以及教学评价方式等内容。

戴维·拉泽尔(David.Lazear)在《多元智能教学的艺术:八种教学方式》中指出多元智能理念指导下的教学共有四个阶段:

第一阶段是唤醒智能阶段,即学习者运用视觉、听觉、嗅觉、味觉等多种感官和本能、洞察力、元认知等多种内在能力激活各种智能,感性认知周围世界事物的阶段;

第二阶段是拓展智能阶段,即能力的沟通阶段,在这一阶段学习者将通过接触外界事物、人员或进入特定的情景体验情感,参与为拓展或加强智能所进行的练习活动和强化认知活动;

第三阶段是"为智能而教,用智能来教"阶段,在这一阶段,教师将向学生传授学习的正确方法和策略,把智力的开发当作教学的重点,帮助学生了解自己的智力发展情况,进而发展潜能。

第四阶段是迁移智能阶段,这一阶段是智能的应用阶段,我们要把智能应用于解决日常生活中的各种问题,使智能训练的成果得以体现,使各种智能真正成为我们日常情感和生活的重要组成部分。

接下来以语言智能和逻辑—数学智能为例分析多元智能英语教学模式的阶段模式和操作方法。

1.培养语言智能的多元英语教学模式和方法

(1)第一模式阶段:唤醒。唤醒阶段的主要操作方法包括:组织学生开展口头表达的训练,组织学生开展书面表达的训练,指导学生阅读英文文章和诗歌,指导学生听英语故事并复述,通过猜谜语、说绕口令方式练习英文表达能力。

(2)第二模式阶段:拓展。拓展阶段的主要操作方法包括:指导学生学习更多的词汇表达,指导学生客观地使用语言描述人物或事件,指导学生开展写作训练、阅读训练,指导学生就某一话题开展讨论、辩论或组织演讲比赛。

(3)第三模式阶段:教学。教学阶段的主要操作方法与拓展阶段的操作方法有相似之处,除了拓展阶段提到过的一些操作方法外,还包括一些其他方法,如指导学生学习更多的语法知识和固定表达。

(4)第四模式阶段:迁移。迁移阶段的主要操作方法较为简单,主要是指导学生反思学习和观察的过程。

2.培养逻辑—数学智能的英语教学模式和方法

(1)第一模式阶段:唤醒。唤醒阶段的主要操作方法包括:指导学生根据现有的语篇线索推测不熟悉的语言表达的含义（如语境线索、注释线索、同义词线索），分析句子的结构组成，整合文本的意义。

（2）第二模式阶段：拓展。拓展阶段的主要操作方法包括：指导学生根据语篇提供的信息推理故事情节的发展，并根据学生理解按照逻辑顺序描述文章的主题思想。

（3）第三模式阶段：教学。教学阶段的主要操作方法与拓展阶段的操作方法有相似之处，除了拓展阶段提到的一些操作方法，还包括一些其他方法，如指导学生根据文章的字面表达、引申含义、逻辑关系以及细节描写，确定作者的情感态度和文章的深层寓意。

（4）第四模式阶段：迁移。迁移阶段教师的主要工作是指导学生思考所学文章承载的文化含义。

第三节　高校英语教学方法

要研究高校英语教学方法，首先要清楚高校英语教学法的相关含义。英语教学法是一种建立在系统的原则和程序基础上的语言教学的途径和做法，是有关语言教与学的最佳方式的观点应用，这些观点有关英语和英语学习的本质特征，英语教学的教学大纲、教学目标、教学任务、教师责任、教材作用等。它也研究学习者的学习过程以及用英语材料进行教育的过程。从操作程序角度分析，高校英语教学方法是有关教学过程中教师要做什么、怎么做，学生做什么、怎么做的具体问题，也就是有关实施教学内容的决策、技巧问题。按类型分，高校英语教学方法可分为直接法、听说法、演示法、语法翻译法、交际法、情境法等多种类型。在此我们主要介绍高校英语教学中最常用的几种教学方法。

一、语法翻译法

（一）产生背景

语法翻译法（grammar translation teaching method）也称翻译法，形成于18世纪末期至19世纪中期，起源于欧洲的一些教授外语课程的学校。语法翻译法注重教授外语词汇和语法，以培养学生的阅读和写作能力为主要目的，语法翻译法的这一特点与人们学习外语的目的有着密切的联系。在18世纪和19世纪，人们学习外语的目的是希望能够阅读希腊语和拉丁语的书籍，同时他们需要使用这两种语言文字撰写书籍、创立学说理论。在语法翻译法中，教师具有专业性和权威性，是外语知识的传授者和教学活动的组织者、实施者，学生在这一过程中处于比较被动的地位，只能被动地接收教师的教学内容。

（二）主要特点

语法翻译法具有鲜明的教学特点，如图3-5所示，可分为以下四点：

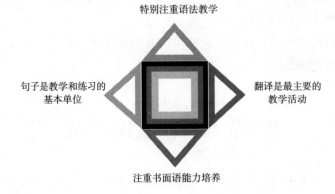

图3-5　语法翻译法的教学特点

1.特别注重语法教学

语法翻译法最突出的特点就是重视语法教学，这一点体现在语法翻译法的各个方面。首先，在语法翻译法中，语法被当作语言的核心内容，因此也是外语教学的主要内容，外语教学的中心任务就是教导学生如何正确地使用语法。其次，在教材的编写上，也是参照语法体系的内在结构进行编排的，其中不仅有对语法内容的详细介绍，还有大量的翻译、阅读等语法项目的练习。最后，对外语教师教学成果的评价点也集中在学生对语法的掌握程度。

2.翻译是最主要的教学活动

语法翻译法的另一显著特点就是翻译是主要的教学活动形式。在具体的教学实践中，教师使用学生的母语开展教学，向学生传授翻译知识。学生除了在教师的引导下识记词汇、短语、进行阅读之外，还要通过母语与外语之间的相互翻译来练习掌握的语言知识和规则。教材中的每个语法点都配有相关的翻译练习。

3.注重书面语能力培养

基于当时的社会发展背景和学生的学习需求，语法翻译法特别将外语教学中的口语教学和书面语教学分开进行，其中口语教学只教学生掌握字母和单词的正确读音，只占整体教学内容的一小部分；相比之下，由于语法翻译法的首要教学目标是培养学生的阅读能力和写作能力，因而书面语教学占整体教学内容的一大部分。但这种将口语与书面语分开教学的方法有助于教学活动的设计与开展。

4.句子是教学和练习的基本单位

为了减轻学习者的理解压力，适应学习者的接受能力，语法翻译法改变了传统希腊文和拉丁文教学中选用复杂难懂的语段进行教学的方法，用更容易被学习者理解的句子作为教学和练习的基本单位。

（三）具体应用

通常情况下，使用语法翻译法开展课堂教学的具体操作是教师先用母语翻译并叙述整篇文章的大致意思，然后对文章中涉及的语法规则进行详细的分析和讲解，随后引导学生通过多次阅读加深对文章的理解。具体而言，以某一篇文章的讲授为例，语法翻译法的课堂设计可分为以下几个步骤。

首先，教师会先用母语介绍一下这篇文章的创作背景以及文章作者的相关信息，借此引出要讲的文章，并介绍文章的大意，使学习者对要学习的内容有一个大致的了解。

其次，教师会带领学生学习单词表里的单词，通过领读或跟读的方式帮助学生掌握单词的正确发音，通过简单的解释或造句练习帮助学生理解单词的含义和应用。

再次，教师会带领学生一起阅读文章、翻译文章。通常教师会从文章的第一段开始一句话接一句话地朗读并翻译，在这一过程中，教师会使用学习者的母语介绍短语和句子的意义。针对短语和句子中存在的语法现象，教师会详细地讲解其中蕴含的语法规则，并举例说明其具体用法。

最后，在上述讲解教学工作完成后，教师还会要求学生直接朗读文章并做一些阅读理解方面的练习以确保学生已经掌握了这篇文章的中心思想。阅读理解类的题型以选择题居多，也有部分问答题。在这堂课结束后，教师还可以根据本堂课所学内容为学生布置一些翻译类的作业，以巩固所学知识。

（四）优缺点

1.优点

语法翻译法作为历史上存在时间最长的外语教学法，在之前外语教学条件差、外语教师的工作压力大的教学情况下曾发挥了巨大的作用。语法翻译法的优点具体表现在以下几个方面：

（1）通过对目的语词汇和语法知识的系统传授，能帮助学生打好外语学习的基础。

（2）通过分析书面语的构成和表达方式，能帮助学生深入理解和掌握目的语。

（3）有助于学习者内化目的语结构，提高他们的正确表达能力。

（4）有助于学生辨别自己对目的语作出的有意识或无意识的假设，对比目的语与母语的异同。

（5）不需要太多教具和其他教学条件，只要有教材就能上课。

（6）教学流程易于操作，教师的教学压力减轻。

（7）教学目标清晰，便于对学生的统一管理和测试。

2.缺点

语法翻译教学法建立在人们对语言传统认知的基础上，因此在实际的教学和应用过程中，不可避免地会有一些缺陷存在。例如：

（1）过分重视翻译教学，只通过翻译的手段传授外语知识，这样的方式会造成学生在使用外语时依赖母语表达的思维和翻译的习惯，不利于培养学生地道的英语表达习惯。

（2）过分注重语法规则的掌握和使用，忽视了语音和语调的教学，背离了语言学习用于表达和交流的初衷，阻碍了学生口语能力的发展和提升。

（3）教师在教学过程中的主导性太强，学生的主体性被忽视，不利于培养学生学习语言的积极性和主动性。

（4）教学方式以教师的讲解为主，强调死记硬背，师生互动、生生互动不足，不利于发挥学生的主观能动性和培养学生的语言表达能力。

（5）忽视了文化因素、语言在交际中的使用在语言教学中的重要性。

二、情境教学法

（一）基本定义

与语法翻译法十分不同的是，情境教学法的核心不是最注重学生书面语能力的培养，而是激发学生的情感，使学生能在复杂多变的交际情境中充分发挥主观能动性，作出正确的判断，灵活应对各种交际语言。在教学过程中，教师会根据教材内容充分利用图片、实物、电子影像等教学条件并结合学生的身心特点设计并开展教学活动。

情境教学法的基本步骤有三个：①设置教学情境，学习目的语语言；②以培养听说能力为主反复开展练习；③布置适量书面练习题，巩固语言结构认知。

因为在情境教学法中，教师主要是用英语组织教学活动，向学生讲解语言知识和布置作业，所以教师要保证自己的英语表达是标准的、正确的，这样才能给学生树立好学习的榜样。但如果碰到一些用英语难以解释的语言知识，教师也可以适当使用母语进行讲解，但教师会要求学生尽量使用英语对话、提问。

（二）教学原则

1.自主性原则

此处的自主性原则主要包括两个方面的内容：

一方面是指情境教学法的实施需要师生之间保持良好的教与学的关系。良好的师生关系是开展情境教学的基础保证。因为情境教学的设定就是模仿实际的交际状态，只有教师和学生之间保持互相尊重、互相理解、互相信任，才能设定模仿真实交际情况的教学情境，教师才能引导学生进入教学情境。这意味着教师必须了解学生对学习外语的想法和需求，学生也要学会理解教师的教学目的，积极响应教师的引导和号召。

情境教学需坚持自主性原则的另一体现是指学生在教学活动开展的过程中要保持其主体地位。学生需要在具体的教学过程中保持其主体地位也是因为情境教学法的根本教学目的是培养学生的独立意识和自我评价能力。要坚持这一原则，教师在教学过程中需要做到从学生的实际需求出发，使学生在学习语言的过程中体验交际的乐趣、保持快乐的心情。

2.体验性原则

在使用情境教学法开展外语教学活动的过程中,教师要想办法根据教学内容设置恰当的教学情境,然后引导学生发现问题、依靠自身的能力去寻找问题的答案,并分辨、讨论其对错。这一原则是指教师要帮助学生树立"过程"与"结果"同样重要的观念,让学生在轻松愉快的氛围中体验学习、取得进步。

(三)情境设计

语言的产生和发展离不开特定的文化背景,人们的日常交际行为和社会发展离不开语言的使用,因此语言的学习应放在一定的社会文化情境中开展。根据现实交际情境提供的场景,学生可以激活原有的认知经验,并将新的知识与之前的认知经验联系起来,从而理解新的知识,将新知识融入原来的认知体系。因此,在英语教学活动中,教师要设计出能引导学生激活旧的认知经验,并积极参与到新的交际对话中的真实情境。要设计出这样的真实情境,教师可以从以下几个方面入手。

1.范例提供

由于理解和解决问题的前提是对问题有所了解并能够根据自己的经验建构解决问题的心理模型,而学生不可能对所有情境和问题都有经验,因此此时教师需要为学生提供相应的范例来填补学生的认知空缺,为问题的解决奠定基础。并且,为了培养学生灵活的认知能力和思维方式,教师提供的范例要包括解决问题的多种观点和思路,这样更有利于学生发散思维,发挥想象力和创造力。

2.任务呈现

此处任务的呈现是指教师对学生学习任务的呈现。在情境教学法中,教师向学生呈现学习任务时,首先要注意向学生介绍任务问题发生的社会文化背景,其次要尽可能用生动、有趣的语言呈现该问题,除此之外,教师还要在呈现过程中为学生预留一些可操作的维度和空间,这些都是为了引导学生更快地融入到情境中来,吸引学生积极参与回答问题。

3.教师指导

建构主义理论认为学生是教学活动的中心,学生应主动建构学习知识意义,加工知识信息。同时,教师是整个教学活动的组织者、引导者,对学生的知识意义建构起到促进和帮助作用,因此教学活动的每一个环节都离不开教师的精心设计、有效启发和组织管理，如果失去了教师的引导和管理，学生的建构行为就成了没有秩序的盲目探索，是无法获得成功的。

4. 信息资源

教师在进行情境设计的过程中，还需要确定学生所需信息的具体种类和数量，以建构问题模型，提出方法假设。教师需要为学生提供必需的信息资源，以开展情境布置。这些信息资源应是学生乐于接受的，并能帮助学生认识和解决问题的，具体而言应包括各种信息和知识，如文本、图片、实物、音频、视频、动画等，以及通过其他手段能获取的各种相关资源。

5. 认知工具

由于学生的知识经验有限，感官输入信息的能力也有限，因此获取认知资源的途径也受到了限制。此时学生就需要认知工具的帮助。认知工具是情境设计的重要辅助工具，具体是指支持和扩充学生思维过程的心智模式和设备。认知工具通常是可视化的智能信息处理软件，如专家系统、信息库等。

三、交际教学法

（一）基本定义

交际教学法产生于 20 世纪 70 年代的欧洲国家，交际教学法的产生与当时的社会历史背景密切相关。

在 20 世纪 60 年代，西方发达国家经济发展迅速，交通日益便利，不同国家和民族之间在政治、经济、文化等领域的沟通与交往日益频繁。在沟通与交往的过程中，语言不通成为主要的障碍。一些在本国学过外语的人到了国外也无法顺利开展交际活动，这严重影响了他们的生活和工作。在这种情况下，交际教学法应运而生。

交际教学法以社会语言学和心理语言学理论为理论基础，以交际功能为大纲，以培养学习者的交际能力为目标。

此处的交际能力不仅仅是指语言的沟通和对话能力，还包括不同场景下的应对能力，如如何运用语言及相关文化知识执行各项任务、获取交际信息、开展人际交往等。也就是说，在使用交际教学法开展教学活动的过程中，教师的注意力应放在如何引导学生使用语言完成交际任务、达到交际目的上，而不是只关注句子的结构或表达是否完全正确。

（二）教学原则

交际教学法有四项基本的教学原则，如图 3-6 所示。

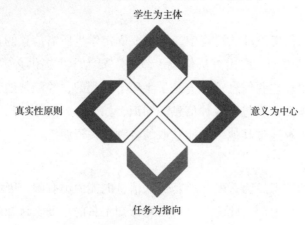

图 3-6　交际教学法的基本教学原则

1.学生为主体

交际教学法强调语言在交际中的应用和学生交际能力的培养，因而把学生当作教学过程的中心和主体，课堂教学上的大部分时间应是学生在思考，在实践，教师讲解的时间只占一小部分。当然教师的职责和任务还是十分重要的。交际教学法中教师的主要职责有两方面：一是为学生营造一个没有压力、轻松和谐的课堂氛围和接近真实情境的语言实践场所；二是教师要想办法充分调动学生参与教学活动的积极性和主动性，鼓励学生多发现问题、思考问题，通过实践、调研等方法自己动手解决问题。

2.意义为中心

在真实的交际情境中，人们最关心的永远是意义的传递和情感的表达，其中意义的传递是最基本的，因而在交际教学法中，特别强调以意义为中心。这一点与传统的教学方法存在很大的区别，如果教师比较信服传统的结构主义教学方法，那么就会把词汇、语法、句子结构作为教学的重点。

事实上，这也是众多传统教学法教导下学生不愿意用英语开口交流的重要原因。因为他们学习的不是如何在交际中使用英语，而是为了证明他们对语言形式的理解和掌握，因此即使有多年的学习英语的经验，他们也不擅长用英语与他人进行沟通交流。也就是说，学生学到的不是语言的真正运用，而是语言形式的用法。

在交际教学法中，教师不再强调语法和句型的完全准确，不再要求学生说出的每一句话都是符合语法规则的，教师会高度容忍学生所犯的语言错误。因为教师明确地知晓，任何语言的学习都是在不断地犯错与改进的过程中进行的，如果学生能比较完整、顺畅地让自己的表达被他人理解，教师就等他们表达完后再引导他们发现错误并纠正错误，而不是听到一个错误就打断学生，这样不仅会打断学生表达的思路，还会打击学生的自信心。当然，重视意义的传递不是完全不顾语言的形式，语言的形式作为语言的重要组成部分也是学生应该学习和掌握的。我们只是强调要想把语言运用到实际的交际情境中，学生必须重视语言意义的传递，必须根据不同的场合灵活使用语言。只有这样，学生才能做语言的主宰者，让语言为自己服务。

3.任务为指向

在使用交际教学法设计教学活动的过程中，教师需要为学生提供一定的交际话题或分配一些交际任务，这样他们就能有目的地参与到更真实的交际练习活动中。事实上，完成任务和开展交际二者不仅不互相冲突，还能相互影响、相互促进。带着任务去交际，就相当于把语言的学习和练习与其他学科的学习融合到了一起，把语言当作一个工具或媒介来学习其他学科的知识。这样一来，学生会更真切地感受到语言的生命力，学生与学生之间会有更多、更真实的交流。

4.真实性原则

真实性原则是指学生要在极近真实的交际环境中学习和使用语言，这样才有助于提升学生的交际能力。交际法的真实性原则突出体现在以下两个方面：

（1）教学内容的真实性。要培养学生的语言运用能力和交际能力，首先应在教学内容的设计上选择一些贴近生活的语言材料。像一些文章类、诗歌类的体裁在实际生活中很少用到，或很难见到，因而这类内容的材料不利于用于培养学生的语言交际能力。相反，以完成任务、解决问题或者完成专题为目的的语言活动会涉及大量现实生活中可能会遇到的语言交际材料，因而教师应多举办此类活动来有针对性地帮助学生锻炼语言交际能力，掌握语言正确的使用方法。

（2）交际环境的真实性。在英语教学活动中，如何创造语言交际的真实环境，以帮助学习者在交际活动中掌握语言使用的正确方法是体现交际原则的重要方面。在活动中，教师和学生应共同创造真实的氛围，而不是为了某个句型进行固定的操练，这样才能练习说出最真实的语言。除此之外，交际型教学法不仅要求学生使用真实的语言进行交际，还要求他们说出的话充满创造性和灵活性，即不能为了显示对语言的掌握而使用语言，要注意语言表达的多样性。与此同时，要注意扮演角色的真实性，教师要鼓励学生积极融入自身扮演的情境角色中，让他们对未来可能发生的交际行为充满期待。

（三）教学应用

1.设计交际行为

使用交际教学法开展课堂教学应设计突出语言功能特点的交际活动。设计这类交际活动的目的是鼓励学生尽可能利用已经掌握的目的语实现有效的交际，如交换信息、解决问题、传递情感等。能突出语言功能特点的交际活动主要有以下三类。

（1）描述活动。描述活动是指教师让学生对具体的事物或者事件展开描述的教学活动。组织描述活动的目的在于促进学生以段落的形式运用目的语。例如，教师可以安排学生描述自己的家乡、自己的校园生活、自己身边的人、自己的兴趣爱好等。描述活动的另一个优点在于它有利于锻炼学生的逻辑思维能力和语言组织能力，而这些都可以帮助学生更好地参与到交际活动中，更好地表达自己的想法。

（2）猜词活动。学生要参与语言交际活动的前提是学生本身已经掌握一定数量的句子和表达，教师可以组织猜词活动锻炼学生英语表达的能力。猜词活动的具体操作方法是：首先，教师从全班同学中选出两位同学并让其中一位同学面向全班同学，另一位同学面向黑板；然后，请面向黑板的同学在黑板上写下一个刚学习过的词语；接下来，全班同学举手示意，分别描述这个写下的词语，并请那位面向全班的同学猜出这个单词是什么。在这个过程中，学生的口语得到了有效的锻炼。

（3）对话活动。一个人的交际能力在很大程度上表现为一个人进行简短对话、和他人互通情感的能力，这一能力具体又可表现为对各种话题发表评论和感受的能力。例如，学习者是否能针对天气、交通状况、体育赛事、日常生活等话题与他人展开无障碍的简单对话。这些简单的对话看上去意义不大，但却能帮助人们创造良好的社交氛围。

2.评价交际能力

在英语教学活动中，以下三个方面的评价是相互联系、缺一不可的。只有对这三个方面都有所掌握，才能有效提高学生的文化得体意识，帮助学生更好地参与文化交际活动。

（1）对目的语得体性的评价。首先，学生对交际话题的选择决定了学生是否对目标语文化背景知识掌握较好。例如，在中国汉语文化中，一个人的婚姻状况、年龄等话题一般是可以讨论的，这体现了人们之间的关心和热情。但在英语文化中，这些话题却因为涉及个人隐私被禁止讨论，如当一个中国人问外国人"How old are you?"时，就会被认为违反了英美文化中的言语行为准则，即使用了不得体的语言。

（2）对目的语文化背景知识的评价。教师在培养学生交际能力的过程中，要进行对目的语文化背景知识的介绍和讲授，这有助于学生掌握语言运用的得体性。因为一种语言表达方式是否得体，从根本上来讲是由该语言背后的社会文化习俗决定的。

教师在考察和评价学生对目的语文化背景知识的掌握情况时，可以给学生呈现一个产生了文化误解的场景，这些文化误解很有可能导致交际障碍，甚至交际冲突，因而教师可以让学生加以判断并进行纠正。如此一来，教师就可以了解和判断学生对该语言文化规则的掌握程度，并提供启发性的知识，引导学生了解和掌握目的语文化语境的交际规则和交际技巧。教师还可以引导学生对比目的语文化和母语文化的异同，进而加深学生对两种语言文化的印象，帮助学生掌握跨文化交际的技巧。

（3）对约定俗成语言掌握的评价。由于每一种语言都包含大量的约定俗成的语言形式和用法，那么即使学生说出的语言符合语法规范，但如果不符合约定俗成的用法，在交际过程中也会遇到信息传递的困难。例如，在问候语方面，英语常用"How are you?"而不用"Are you well?"。在英美的文化礼仪中，还有一些表示特定含义的俗语，如在邀请客人先于自己进入房间时要说"After you!"。

第四节　高校英语教学设计

一、教学设计的产生与发展

教学设计是一门新兴的学科，它诞生于 20 世纪 50 年代中期。从学科领域分析，它既是教育技术学的主要研究领域，也是教育科学的一部分。美国教育家、哲学家杜威提出的"桥梁科学"学术理论是教学设计学科的最初构想。杜威曾尝试把学习理论和教学实践结合在一起建立一套系统的、可以指导教学活动的知识体系。建立这一知识体系的目的主要是优化教学的过程，提高教学的效率，最终达到较好的教学效果。

根据教育心理学的研究，学习理论可作为教学设计理论的基础理论。随后在著名心理学家斯金纳、加涅和奥苏泊尔的倡导和努力下，教学设计这一学科逐渐发展壮大，针对教学设计的研究也日益增多；20 世纪 70 年代中期到 90 年代初期，教学设计的发展势头伴随着认知理论的产生愈演愈烈。20 世纪 90 年代中期之后，建构主义学习理论和信息加工理论的应用发展促进了教学设计新范式的出现 ❶。

我国针对教学设计的研究与实践应用开始相对较晚，直到 20 世纪 90 年代初期教育界才出现有关教学设计的论述。随后，教育理论界开始着手翻译和出版国外有关教学设计的理论著作，初步引进了国外一些教学设计方面的理论学说、设计模式与设计方法，并结合中国的教学情况提出了符合中国教育特点的教学设计理论和实践方法。例如，何克抗等人提出的"主导—主体"教学设计模式，在我国教学设计研究史上占有重要地位。

教育课程和教学本身的规定性决定了教学活动的开展离不开教学设计，教学设计融入英语教学是英语学科教育发展的必然结果，英语学科教学设计的发展和英语教学的发展与改进是一个事物的两个方面，是一个相互影响、相互依存的过程。英语教学设计作为特定的学科研究还属于新的研究方向，但英语教学设计作为教学技术研究则拥有很多可以借鉴的经验。英语教学设计随着英语

---

❶ 吴雨宁：《英语教学与评价》，北京，九州出版社，2018：1-5。

教学的发展而进步，教学质量因为教学设计的发展而提高，因此二者互为因果关系。

二、教学设计的内涵与层次

（一）教学设计的内涵

对于教学设计的含义，从不同的角度分析可以产生不同的界定。例如，现代教学设计大师加涅认为，教学的系统设计是计划教学系统的系统过程，而教学系统又可看作是对促进学生学习的资源和步骤的安排。

美国教学设计专家梅瑞尔则认为，教学是一门科学，而教学设计是建立在教学科学这一基础上的技术，因而教学设计也可以被看作是科学型的技术。开展教学活动的目的是使学生掌握一定的知识和技能，而进行教学设计的目的则是营造和开发能促进学生掌握知识技能的学习环境和学习经验。

通过研究和梳理国外众多教育学界学者对教学设计的定义和解析，我们可以认为，教学设计实质上是对教师课堂教学行为活动的事先谋划，是对学生能完成学习目标、实现学业进步的方法和情境作出的精心安排。具体分析，教学设计具有以下八个显著特征：

（1）进行教学设计的必要前提是有明确的教学目标。

（2）教学设计的研究方法是基于系统科学理论的方法。

（3）教学设计的理论依据包括教学理论、学习理论、系统科学理论和教育传播学理论。

（4）教学设计以学生特征为出发点。

（5）教学设计的研究对象是教学系统，即教学过程与教学活动，教学设计是对教学系统的预先分析与设置。

（6）教学设计是教学方案的规划过程，这个过程主要包括计划、实施和评价三个方面，这三个方面都是实施教学不可缺少的依据。

（7）教学设计看重对教学效果的评价。

（8）教学设计的最终目的就是达到最佳的教学效果，促进学生的全面发展。

根据以上特征，我们可以发现，教学设计的开展需要以一定的教学理论为指导，教学理论是改进教学工作的原理和原则；只有理解了教学的本质、功能以及规律才可以进行教学设计，这些都是开展教学设计工作的前提与基础。只有进行了周密而详尽的教学设计,才能获得指导教学活动的教学方法和教学技术。与此同时,教学理论对教学的指导必须结合实际的教学情况进行,理论与实践的结合才能保证最终的教学效果,而二者结合的过程就是教学设计的过程。由此可见,教学设计源于教学理论和教学实践,又服务于教学实践,并完善了教学理论。

（二）教学设计的层次

教学设计一般可分为四个层次:

1.教学系统设计

教学系统设计是指对某专业学科或培训项目进行系统设计。

2.课程教学设计

课程教学设计是围绕一门课程的实施开展设计。

3.课堂教学设计

课堂教学设计以某课程一堂课的处理为中心开展设计。

4.教学媒体设计

教学媒体设计以一堂课教学媒体的使用为中心开展设计。

在这四个层次中,课堂教学设计是教学设计系统中的关键层面,接下来我们就结合英语这一专业分析课堂教学设计的主要内容和设计模式。

三、英语课堂教学设计概述

英语课堂教学设计是英语教师根据一定的教学理念、教学理论以及教学经验对师生课堂教学行为活动的一种策划,是为了使学生完成英语学习目标、实现学业进步而创造的学习条件和学习情境。从本质上来讲,英语课堂教学设计是一种关于帮助学生实现学习目标的一种策划,是引导学生将当前英语水平过渡到目标英语水平的一种方案。

英语课堂教学设计是建立在科学理论基础上的,因而我们可以称之为一门科学。英语课堂教学设计的科学性主要体现在以下三个方面:

（1）英语教师必须以先进的教育思想、教学理念以及科学的教学理论指导英语课堂教学设计,把教育和教学原理融入英语教学设计之中。

（2）英语教师要正确地理解和认知英语课程和英语教材,要理解课程和教材体现的教学任务和教学目标,把握教材的知识、技能和主题篇章对教学活动开展的要求，把教材的要求、教材体现的教育思想以及教师对教材的理解融入英语课堂教学设计之中。

（3）英语教师对教学主体的认识应该是科学的、正确的。事实上，学生是教学活动中的主体，教师只是教学活动中的主导。英语作为一门专业学科类教育，其操作是在教师和学生的交流互动中进行的；英语作为一门交际语言，其交际是在教师和学生的英语对话中实现的。如果英语教师缺乏对教学对象的理解，那么就会迷失教学的方向，更无法实现既定的教学目标，学生的学习动机、学习经验和英语基础是教师开展课堂教学设计需要首先考虑的问题。

四、英语课堂教学设计模式

高校英语课堂教学设计模式主要有两种：客观—理性主义教学设计模式和建构—阐释主义教学设计模式❶。

（一）客观—理性主义教学设计模式

客观—理性主义教学设计模式是基于客观—理性主义理论创设的。客观—理性主义提出，教学过程就是教师向学生传递客观知识的过程，这一过程具有客观性和规律性，且最终的教学效果是可预测、可重复的。由于客观复杂的教学知识可以分解为更简单的知识，因而可以据此进行更细致缜密的教学程序设计。在实施教学程序的过程中，教师是知识的象征，是整个程序的最终掌控者，教师的话就是"金科玉律"，是不容置疑的；学生是教师要塑造的对象，需要按照教师的要求忠实地接收客观知识。

在客观—理性主义理论的指导下诞生了很多相关教学设计模式，这些模式为教学过程设计了更详细的基本操作步骤。安格鲁斯和古德逊（Andrews& Goodson）通过对比分析六十余个以客观—理性主义为指导的教学设计模式，总结出了典型的教学设计的六个基本步骤❷：

1. 确定教学目标

期望学习者掌握哪方面的知识或技能？学习者在接受完教育后能做什么？

2. 评估学习者的学习条件

分析学习者的身心特征和已掌握的知识技能，明确学习者是否已准备好接

---

❶ 赵晓峰.信息技术环境下的英语教学研究[M].天津：天津科学技术出版社，2019：15.

❷ 赵晓峰.信息技术环境下的英语教学研究[M].天津：天津科学技术出版社，2019：16.

受教育并从中得益。

3.确定教学内容

明确要传授给学习者哪些知识和技能。

4.确定教学策略

使用什么样的方法讲授这些知识技能并能让学生掌握?

5.开发教学

准备学习者指南、教学材料、组织训练、测验等。

6.测验、评价和修改

怎样确定学习者已经完成预期的学习目标?

中国学者何克抗在总结分析国外学者教学设计程序研究成果的基础上结合中国的教学实践细化了教学的步骤,如下文所示:

1.确定教学目标

我们希望通过教学使学生有哪方面的改变和进步?最终达到什么样的结果?

2.分析学习者特征

学生是否具有接受当前教育的条件,以及具有哪些个性特征和认知特点?

3.确定教学内容和教学顺序

根据教学目标确定这两方面的内容,其中教学内容具体为完成教学目标所需要讲授的知识单元,教学顺序具体是讲授各知识单元的科学顺序。

4.分析教学起点

根据教学内容和学习者的学习基础分析、确定教学的起点。

5.制定教学策略

包括采用什么样的教学方法开展教学,如何设计教学活动的进程。

6.确定教学媒体

根据教学目标和教学内容选择和设计教学媒体,如教单词时可使用单词卡片,教发音时可使用音频。

7.进行教学评价

进行教学评价的目的是明确学生实现学习目标的程度,评价所得的反馈信息用于调整以上环节中需要改进的部分。

客观—理性主义教学设计模式具有完整、严密的理论体系作为指导，且具有较强的操作性，在这个模式中，教师占主导地位，教师可以按照教学目标和教学内容迅速地组织教学活动，教师能在较短的时间内讲授大量系统的知识，有利于基础教育阶段学生的知识积累。但这也体现出该设计的局限性，那就是只适用于简单知识的快速学习，教师完全掌控课堂，忽视了学生的学习需求和主观能动性的发挥。

（二）建构—阐释主义教学设计模式

建构—阐释主义教学设计模式以建构主义学习理论为指导，强调学生是教学活动的中心，学习环境的创设离不开意义建构、情境设置、师生协作和情境会话四大要素。因为该模式中学生是教学活动的中心，所以教师的一切教学行为都是为促进学生的成长和进步服务的。

在教学过程中，教师是引导者、组织者、协助者和管理者，教师要充分利用意义建构、情境设置、师生协作等学习环境组成因素引导学生积极参与学习活动，充分发挥主观能动性和创新精神、合作精神，帮助学生实现意义建构、掌握知识的学习目标。教师不再是知识的传递者、灌输者，教材上的知识内容不再是学生需要被动接受的内容，而是学生可以选择主动建构意义的对象；教学媒体也不再是教师传授知识技能的方法手段，而是学生发现式学习、合作式学习的认知辅助工具。

以建构主义理论为指导的教学设计模式的核心是问题、是项目、是案例，围绕这些核心，教师需要确定学生学习的"定向点"，然后围绕该"定向点"精心设计学习情境，准备学习资源，设计学习方法和学习工具，管理学习活动，为学生提供指导和帮助，共同服务于学习目标、学习内容、学习者确定的问题核心。教学结束后的评价部分也是设计活动的重要环节，因为这一环节是对之前环节活动的成果认证，是促进教学设计更加完善的调控环节。

与此同时，建构主义教学设计模式还提出了一系列促进学生自主学习的教学策略，如抛锚式教学策略、认知学徒教学策略、支架式教学策略等，强调了学生自主学习、自发式学习的重要性，有利于学生主动探索、主动发现，从而培养学生的创新精神和研究精神。这一教学模式的缺点也比较明显，就是容易忽视教师的主导作用，学生会减少对教师的依赖，师生之间的情感交流也会受影响。

第四章 "互联网+"视域下高校英语课件制作

第一节 高校英语多媒体教学课件基本认知

一、什么是多媒体课件

多媒体课件,即多媒体课程教学软件,是在计算机辅助教学(computer assisted instruction)的发展过程中逐渐独立出来的一种反映教学思想和帮助实现教学目标的教学应用软件,是各种媒体教学素材和教学策略集成在一起的计算机数据或程序,是为学校课堂教学或学生自主学习而开发的一款软件。

通俗地讲,多媒体课件就是帮助教师开展教学活动的工具,创作人员根据教学内容和技术创意,把多种媒体素材在时间和空间上进行集成,使它们融为一体并赋予交互特征,从而生成精美的多媒体产品❶。

二、多媒体课件的分类

多媒体课件有多种分类方式,按学科可分为语文、数学、英语、物理、化学等;按学段可分为小学、初中、高中、高职、大学、研究生等;按制作工具可分为 Flash、PowerPoint、几何画板、方正奥思、仿真模拟实验室等;按照教学功能可分为课堂教学型课件、个别化学习型课件、练习考核型课件等。此

---

❶ 曹进,赵卫博:《中小学英语教学资源开发与利用》,重庆,重庆大学出版社,2020:76。

处主要介绍按照教学功能如何对多媒体课件进行分类，如表4-1所示。

表4-1　按教学功能分类的多媒体课件

多媒体课件类型	特点	用途
课堂教学型课件	根据教材体系组织和安排教学内容，具有完整知识结构体系	辅助教师开展课堂教学
个别化学习型课件	具有完整的知识结构，友好的交互界面，多种教学程序和策略	辅助不同水平、不同学习风格的学生开展自主学习
练习考核型课件	知识覆盖面较广，练习和考核方式多种多样，可以自由选择	帮助学生掌握和巩固所学知识，按时检验学习成果
资料工具型课件	含有大量文字、声音、图像、动画、视频等各类多媒体教学资料	教师和学生可通过该课件搜索与查阅资料
模拟实验型课件	根据教学内容的差异采用不同的虚拟表现方式，如二维平面显示方式、3D立体显示方式、虚拟仿真显示方式等	用于教学内容的展示和教学实验
教学游戏型课件	将学习内容设计成游戏内容，引导学生在游戏中掌握知识与技能	用于较低年级的学习教育

三、高校英语教学使用多媒体课件的优势

在开展高校英语教学的过程中使用多媒体课件主要有以下三个方面的优势：

（一）展示多样化的教学内容

在开展高校英语教学活动的过程中使用多媒体课件最直观的作用就是方便展示英语教学多样化的教学内容。当今时代，虽然国内各大高校选用的英语教材各不相同，但这些教材都体现出一个显著的特点，那就是取材广泛、内容丰富、题材新颖，尤其是会涉及很多英美国家的社会文化背景知识，如政治、经济、宗教、风俗习惯等文化背景知识，甚至还会涉及一些科学知识和专业领域知识（如克隆知识、人工智能等）。使用多媒体课件，可以将这些文化知识直观且形象地呈现出来，使学生对所学内容的背景知识有所了解，从而更好地理解教材的内容、学习的内容。与此同时，学生还能了解英美国家的语言文化、

风俗文化，了解中西文化方面的差异，进而理解汉语和英语的异同，提高英语水平。

（二）改变程式化的教学模式

内容多样、设计合理的多媒体课件，可以为学生的英语学习创设一个良好的学习环境，在这一环境中，图像、文字、声音构建出一个立体的三维空间，方便学生依据不同层次参与教学活动。并且由于改变了传统的程式化教学模式中教师是主体的教学理念，多媒体课件可以很好地激发学生的学习主动性和积极性，提高他们对英语学习的兴趣。大量直观的、有声的、动态的课件内容，将英语语言符号与相应的使用方法同步传授给学生，有利于加深学生对所学知识的应用理解。

（三）体现学生为中心的教学理念

与此同时，英语教师还可以根据学生在课堂上的反应和表现，调整课件播放的速度，了解学生希望掌握的教学重点、难点。由于教师了解了学生学习的速度，因而可以据此安排教学重点和教学进度。通过学生不断反馈的听课体验，教师还可以调整教学过程、重新选择教学方法，最大程度地发掘自己的教学潜能，这些都是"以学生为中心"教学理念的体现。

四、高校英语多媒体教学课件的合理使用

合理地设计和使用多媒体教学课件有助于提高学生学习的主动性，提升教学效率；但如果使用不当，不仅不能改进教学方法，提高教学水平，还会使多媒体课件的备课环节成为教师的负担、抑制学生的创新思维发展。因此，高校英语教师在使用多媒体教学课件的过程中，还要注意以下使用事项。

（一）不要把多媒体课件当成图片展示课件

首先，高校英语教师在使用多媒体课件的过程中要注意图片的选择和应用，不要把多媒体课件当成图片展示课件。这主要是因为多媒体课件教学不应是花哨、不实用的图片展示，而应是实用的、有教学价值的图片的充分利用。有些教师为了渲染气氛、引出学习主题，会在多媒体课件的开始阶段展示十几张漂亮的图片，这种做法实际上是没有必要的。在英语课教学中，图片的展示是不可缺少的，但必须要做到使图片发挥其真正的教学价值。在选择图片时，

要精选图片,尽量实现"一图多用",即一幅图能为教师和学生提供多个对话的条件。

(二)不要让多媒体课件完全代替黑板

之前,英语教师的课堂板书也是课堂教学设计的重要组成部分,漂亮的板书吸引着学生在课堂上的注意力。但板书的设计和应用也会导致英语教师"尘满面、灰覆身"。在多媒体课上,教师可以提前将教学过程中可能会讲到的重难点、逻辑框架、练习材料等内容编辑到多媒体课件中。课堂上教师只需要点击鼠标或遥控设备,就能向学生展示所需要的教学内容,可谓省时又省力。

但俗话说:"好记性不如烂笔头。"学生需要针对课上老师讲的重点和难点内容做好笔记,建构好自己的知识体系。在多媒体课上,一般教师上课的节奏会比较快,多媒体课件的展示也会比较快,屏幕上的重点内容常常还没有记完笔记,这一页就已经翻过去了。而精美的板书设计是英语教师教学风格和教学个性的彰显,尤其是英语教师优美独特的文字书写对学生有较强的吸引力和感染力,属于师生之间一种潜移默化的交流。因此,本书认为在使用多媒体课件进行教学的过程中,广大英语教师也应保留精致的板书,这不仅是教师魅力的彰显,也是教学能力的一种体现。

(三)不要让教师成为"放映员"

在使用多媒体课件开展教学的过程中,英语课堂教学中的一些基本环节都有相应的课件,如展示(presentation)、练习(practice)、巩固(consolidation)等环节。有了这些课件,似乎也不需要教师做太多的解说,一切都会按照课件展示的顺序进行,教师在这个过程中的角色更接近一个课件的"放映员"。

张红玲曾指出,人与人之间的自然语言是最具亲和力、最容易被人接受和最灵活的语言,因此教师和学生在课堂上的互动、交流才是最有效的教学途径,是教学效率最高的途径。英语作为一门实践性和交际性突出的学科,更加注重学习者在学习过程中的表达与交流。这种表达与交流具体指的是教师和学生在特设的情境下充满感情的相互交流,而不是学生与多媒体电脑之间机械、刻板的信息传递与接收。

所以,高校英语教师在使用多媒体课件进行教学的过程中,要时刻注意自己的教师职责和教学任务,不能过分依赖于多媒体课件的教育功能,要注重与学生的实时交流。

（四）不要忘记关注学生的学习状态

在多媒体信息技术日益发达的今天，有不少老师倾心于多媒体课件带来的模式化、便利化教学条件，选择在课堂上尽可能多地使用多媒体，导致教师和学生都被多媒体课件的放映牵着鼻子走，学生在目不暇接的放映中逐渐脱离教师的引导，甚至变得茫然不知所措；而教师沉迷于课件的放映和讲解，没有及时关注学生的学习状态，这在以学生为主体的课堂教学的今天，无疑是十分不恰当的做法。因此，英语教师在使用多媒体课件开展课堂教学的活动中，除了要保证课件的放映和讲解无误，还要时刻关注学生在每个环节的学习状态，确保他们能理解课件的思路和内容。

第二节 高校英语多媒体教学资源的开发运用

一、什么是多媒体教学

多媒体教学是指教师在开展教学活动的过程中，根据教学内容和教学对象的特点进行教学设计，在使用传统教学手段的基础上合理选择和运用现代教学媒体，以多种媒体信息作用于学生，形成合理的教学过程结构，达到最佳教学效果的一种教学模式。多媒体教学既是一种教学模式，也是一种教学手段。它产生于计算机多媒体技术应用于教育教学的过程中，是帮助实现教学目标和教学任务的一种手段。在开展多媒体教学的过程中，声音、图像、视频、文字等媒体信息相互结合，共同作用，使教学过程不再是教师单向输出的过程，而是充分发挥计算机交互性、界面友好性和反馈及时性的双向教学过程。

总而言之，使用多媒体教学模式可以弥补传统教学模式直观性、整体性欠佳和动态感不足的问题，从而为教师和学生带来传统教学模式无法带来的教学体验和学习体验，取得更好的教学成果。这种教学模式既继承了传统教学模式的优点，又加强了师生之间的沟通与交流，发挥了教师的主导作用和学生的主体作用，是教学理论与教学实践的有机结合，也是因材施教原则的充分体现。

二、什么是多媒体教学资源

多媒体教学资源是现代教学资源的重要组成部分，广义上的多媒体教学资源以计算机技术为主导，包括多种媒体教学方式：一方面，教学主体，即学生，可以借助多媒体光盘和网络教学资源获得学习资源；另一方面，教师也会在教学活动中发挥和融合如幻灯片、电子白板、网络视频等的多种媒体的特点和优势，构建一个真正意义上的立体化教学资源体系。

就英语教学活动来说，2011 年版的《义务教育英语课程标准》就曾明确指出："合理利用和积极开发英语多媒体课程资源是英语课程实施的重要保证。英语多媒体教学资源是指除了教材之外有利于发展学生综合语言运用能力的其他教学材料、支持系统和教学环境，如录音、录像资料、多媒体光盘资料、各种形式的网络资源等。教师要利用现代教育技术，拓宽学习和运用英语的渠道。"在这段话中，《义务教育英语课程标准》不仅强调了教师要充分利用多媒体教学资源辅助教学活动，提高教学质量，还提出了教师要通过这些宝贵的资源渠道发现并拓展学生学习英语的方法和途径。

2017 年版的《义务教育英语课程标准》再次强调，教师要在发挥传统教学手段和教学资源作用的同时，根据教学目标、教学内容、教学条件和学习者的实际情况，积极学习并在课堂上合理利用现代教育技术和教学资源，科学合理地为提高学生的英语学习效果服务。具体而言，就是要积极利用音像、多媒体及网络等现代教学资源丰富教学内容和教学形式，为学生提供利于观察和模仿的真实的语言环境，提高学生的英语运用能力和交际能力。

综上所述，多媒体教学资源就是一个资源库，这个资源库的不同之处在于把现代教育技术作为一种先进的获取资源的手段。多媒体教学资源集文字、声音、图像、视频等多种媒体为一体，体现了多媒体教学直观、形象、多样、新颖、有趣的特点。根据教学目的、教学要求和教学内容，多媒体教学资源为教师开展教学创设了声像同步的教学情境、接近真实的教学环境、轻松愉快的教学气氛，使学生能较快地进入学习状态，提高学习的积极性和学习的效率，同时开拓了学生的大脑思维，提高了学生的观察能力、想象能力和创造能力。

三、多媒体教学资源开发运用的挑战

高校英语教学中多媒体教学资源的开发和运用已经取得了一些成就，但也存在一些需要继续加强或改进的地方，如英语教师开发运用多媒体教学资源的意识能力还需要培养，高校对英语多媒体教学资源的支持和管理力度还应加强，高校英语教师运用多媒体教学资源的能力还要提高。

（一）英语教师开发运用多媒体教学资源的意识能力需要培养

从高校英语教师的年龄分布来看，青年教师和中年教师所占的比重相当，老年教师比重较小。其中，青年教师大都接受过多媒体授课的教育，因而对多媒体比较熟悉，计算机操作能力普遍较高，具有开发和利用多媒体教学资源的能力；中老年教师大部分没有系统地学习过多媒体授课的方式，因而对多媒体的操作不太熟悉，或者使用多媒体资源的能力较低。然而，就算是青年教师，他们开发运用多媒体教学资源的意识也比较淡薄，对多媒体教学资源的概念认知并不深刻。

很多教师没有认识到开发运用多媒体教学资源的重要性，且狭义地把多媒体教学资源理解为多媒体课件，大大缩减了多媒体教学资源的可利用范围。还有相当一部分教师持等待、观望态度，忽视了自身学习、开发和运用多媒体教学资源的潜力和能力，导致资源的浪费。在开展教学实践的过程中，只是根据教学大纲的要求制作课件，讲解课件，完成教学目标。教师对多媒体教学资源的理解局限于教材、配套光盘和网络上，还达不到通过开发课程资源深化教材甚至超越教材的程度。

（二）高校对英语多媒体教学资源的支持和管理力度需要加强

很多高校对本校英语专业的建设发展不够重视，对非英语专业学科的学生的英语水平要求更是不高，这与学校领导大多没有意识到英语学习的重要性，而比较关注其他专业学科的发展有关。因此，学校也没有认识到开发英语多媒体教学资源库的重要性。大部分高校建有多媒体教学资源库，但一般情况下只会把有限的教育资金投入学校热门学科专业的资源库建设，对语文、英语、数学等基础学科资源库的投入过少，甚至没有。有些高校设有英语多媒体教学资源库，但资源库的管理、运用和更新存在问题，如多媒体硬件设施存在老化、需要更新和维修；有些多媒体网络教育资源需要购买等问题。

（三）高校英语教师运用多媒体教学资源的能力需要提升

由于多媒体教学模式在我国的高校教育中出现的时间还不是很长，而大部分英语教师接受的都是传统的板书模式教育，尤其是上了年纪的英语教师，板书模式和传统语法教学法是他们坚持了十年、二十年，甚至更久的事情，要想让他们熟练掌握和应用多媒体教学模式是有很大难度的。青年教师在大学或者研究生、博士期间接受过现代多媒体教育，因此比较易于接受多媒体教学模式，很多计算机应用技术学习起来掌握得也比较快，但传统教学方法对他们的影响也是很大的。

很多青年教师会把大量的词汇、语法知识和练习复制、粘贴到多媒体课件上，然后在课堂上依次播放给学生观看，这种做法的缺点是容易造成学生分不清学习的重点，还容易造成视觉疲劳，影响学习的状态和效率。这样做不仅对学生没有好处，对教师的工作积极性也有影响。试想教师做 PPT 课件花费了很多时间和精力，但最终的教学效果却并不好，这肯定会打击教师使用多媒体教学的积极性。除此之外，这也是对多媒体教学资源的一种耗费。学校支持教师使用多媒体教学需要投入大量的资金，而多媒体教学资源的折旧周期短，硬件设施的维修、更新更是价格不菲。

高校英语教师运用多媒体教学资源的能力有限还体现在教师对多媒体硬件设施的熟练操作能力有限，开发、整合和利用多媒体教学资源的能力有限。例如，将相同的教学内容做成多媒体课件，不同的教师会做出不同的风格、效果；不同的教师搜集多媒体教学资料或自己制作多媒体教学资料的方式和方法不同。

四、多媒体教学资源在高校英语教学中的开发运用

（一）提供多媒体教学资源开发保障

在高校英语多媒体教学资源开发运用的过程中，学校一定要提供相应的保障，此处的保障包括两个方面的内容：一方面是资金上的支持和保障；另一方面是要积极与英语教师进行沟通交流，听取英语教师的意见和建议。学校要做好财政预算，为多媒体教学资源的开发准备好充足的资金，同时重视英语教师的教学资源需求。

英语教师在多媒体教学资源的开发与利用过程中扮演着重要的角色，他们不仅是资源的开发者和利用者，也是资源开发的组织者与评价者，他们对多媒体资源的开发与利用承担责任，关注学生对多媒体资源的态度以及使用多媒体资源对学生的英语学习产生的影响。如果学校在开发运用多媒体教学资源的过程中不注意听取英语教师的专业意见，就不能及时了解教学实践中的困难与问题，这样不仅不利于多媒体教学资源的有效开发和利用，还会打击英语教师对开展日常工作的积极性。长此以往，可能会失去英语教师对这项工作的支持。

（二）加强开发多媒体教学资源的意识

高校英语教师应树立起全面的多媒体教学资源意识。多媒体教学资源是一个全方位、多层次的概念，它不仅包括多媒体课件、配套光盘、音频，还包括语音训练室、英文歌曲、英文影视资源、英文新闻杂志、英文综艺节目等多媒体教学资源。

加强英语教师多媒体教学资源意识的另一条有效途径就是提高他们的电脑操作技术和应用技术。高校英语教师多媒体教学资源开发利用的意识受他们掌握的信息技术、电脑操作技术、专业技能的影响较大。所以各大高校应制订相关的培训计划，对高校英语教师开发运用多媒体教学资源的能力展开统一的培训。具体来讲，首先要对英语教师进行教学媒体数字化处理方面的培训，这是他们需要掌握的最基础的多媒体知识技能，在开展培训的过程中，要考虑不同年龄阶段、不同层次水平教师的差异，最好分批次培训；其次要对英语教师的媒体素材和课件开发技术以及课件制作软件的使用技术进行培训。一般通过以上两种培训就能有效提高英语教师检索、编辑、处理、融合各种多媒体教学资源的能力，提高他们开发和利用课件制作软件的能力，进而加强他们开发和使用多媒体教学资源的意识。

（三）提高开发多媒体教学资源的水平

英语教师在开发和使用多媒体教学资源的过程中会遇到资料丰富多样、难以割舍的问题，此时英语教师需要做的就是根据教学目标删繁就简，筛选出最合适、最有教学价值的材料，其他这次用不上的，但是质量较高的材料可以先保存起来，供今后的教学使用。英语多媒体教学资源的开发和利用最终是为英语教学工作的开展服务的，是为提高学生的英语水平服务的，因此高校英语多媒体教学资源的开发要注意以下四个方面的问题。

1.增加资源开发的针对性

高校英语教师在开发多媒体教学资源的过程中要注意仔细筛选材料，选取最合适的材料，增加资源开发的针对性。在确定教学目标和教学方案后，教师就可以搜集、整理和选择资料了。教师搜集和整理的资料一般分为两类：①最常见，是从外界直接获取的图片、歌曲、视频片段等，这一类资料一般不需要教师进行加工，可以直接使用；②由教师自行设计和开发的资源，如英文动画、视频或情景剧等，这部分资源需要开发者根据教学内容设计脚本，进行拍摄和剪辑。

2.增加资源开发的趣味性

高校学生的年龄大部分在二十周岁左右，他们这个年纪对西方文化中的英文歌曲、动画、影视剧等内容还是比较感兴趣的，英语教师要根据高校学生的身心特点、兴趣爱好以及关注点去开发和利用多媒体资源。在这一过程中，英语教师一定要注意资源开发的实用性和趣味性，枯燥的专业知识资源不能激发学生学习的主动性，甚至还会引发学生的反感情绪，使学生对英语学习敬而远之。只有增强资源的趣味性，才能树立学生学习英语的信心，才能调动学生学习英语的积极性和主动性，帮助学生通过多媒体资源掌握英语知识和技能。

3.增加资源开发的多样性

在开发多媒体教学资源的过程中，高校还要注意让资源呈现形式的多样性，应包括文本、动画、视频、音频、文献资料、课件素材等多种形式，以满足教学多样化的需求。因为资源库将面向教授不同课程的英语教师，不同教学风格的英语教师，所以需要不同类型、不同特点的教学资源。例如，学校在开发多媒体教学资源，建立教学资源库时，可以设计“情境导入”“课前预习”“语法练习”“阅读练习”“课后延伸”等模块供教师参考和使用；还可以针对每一课配置相应的“资料包”，其中包括与这节课内容相关的图片、视频、音频、文字、教案设计、教法设计等诸多教学资料。

4.提高资源开发的实效性

多媒体教学资源的开发最终是为了提高课堂教学的质量，完成既定的教学目标，因此教师在完成教案设计、资料整理后，要将教案的内容和开发、整理的资料运用到教学实践活动中。教师用设计好的教案进行试教，然后根据实际教学效果调整资源的选择和设计。通过反复的试教与修改，资源库的内容设置逐渐优化，教学资源开发的实效性得以提高。与此同时，当学生对某次多媒体授课的效果不满意时，教师需要主动与学生沟通，询问学生的意见和建议，根据学生的学习水平以及学习需求开发切合实际的多媒体教学资源，提高资源开发的实效性。

第三节　高校英语多媒体教学课件的设计与制作

一、多媒体教学课件设计的基本步骤

高校英语多媒体教学课件设计的基本步骤一共有四项，分别是设计课件结构、搜集多媒体素材、多媒体课件整合以及课件测试与发布。

（一）设计课件结构

由于高校英语教学课件包含了多种媒体的交互使用、集成使用，所以英语教师在制作课件时应根据教学目标确定课件的内容，设计整个课件的结构，也就是说，教学目标是设计课件的根本依据。教学目标不同，教师可选择的教学方法和使用的教学手段就会不同，设计课件时选用的媒体也不同。

在设计课件时所依据的教学目标又可分为三类，即教学宗旨（aim）、培养目标（goal）和教学目标（objective）。其中 Aim 是对教育目标的宽泛定义，通常由专门的教学指导委员会制定，涉及广义上的教学理念、教学哲学、学校的教育任务、学生的学习任务等。"goal"指的是从教师视角出发的培养目标，即经过一段时期的教育与培养，学生在某学科上能达到的最终水平。而"objective"指的是在课堂教学中教师需要完成的个体教学目标。也就是说，这三个层次的目标分别是培养方案目标、课程目标和课堂目标。当然，某堂课的教学目标要比某一单元阶段的教学目标更加具体，并且教师还要详细计划这堂课需要采用的教学手段和教学方法来确定教学内容和预估教学效果。

一般情况下，高校英语教学课件设计可以采用以下四种结构：线性结构、分支结构、网状结构和混合结构。这四种结构无论选用哪种都要注意设计好课件的"导航"。设计好课件的"导航"有两个层次的含义，首先教师能根据导航非常熟练地使用课件，其次教师能够按照设计好的课件结构，轻易地找到想要展示的部分。

（二）搜集多媒体素材

高校英语多媒体教学课件所采用的多媒体素材通常包括图片、文字、动画、音频、视频等，无论哪种素材都需要教师精心搜集和筛选，并给予一定的设置安排，只有这样才能提高教学课件的整体水平。通常情况下，不同的素材是单独使用的，但有时也会出现两种或两种以上素材结合使用的情况。需要注意的是，在制作课件的过程中，无论使用单一媒体还是组合媒体，都是为了达到最佳的教学效果。教师在选择和设置教学媒体时应考虑以下几个方面的问题：

（1）教学媒体的选择和确定应该具有较高的功能效果，教师要尤其注意多媒体组合应用的价值。教师必须学会判断哪些教学内容需要用多媒体形式来展现，哪些教学内容不需要多媒体形式就能很好地展现，以保证多媒体教学的高效率和最优化。

（2）了解媒体教学的功能特征，分清不同类型媒体之间的差异。总而言之，教师最终选择的媒体手段应该适合表现相应的教学知识和技能，应有助于英语教学的深化发展。

（3）教师应尽量选择高效能低损耗的媒体模式，使用教学媒体的目标应该十分明确，最终的使用结果应该有助于学生的学习。

（三）多媒体课件整合

高校英语教师应根据课件制作的要求和教学目标的要求，将之前精心搜集和筛选出来的多媒体素材按照一定的标准和规律进行整合。整合的过程需要用到一些课件制作工具，常见的有 PowerPoint、Authorware 等。教师对多媒体素材的整合过程就是课件生成的过程，因此教师要注意整合的实用性和艺术性。

多媒体课件不是将原本可以板书的内容通过计算机投影出来，更不是对教案的复制粘贴，因此教师在整合多媒体课件的过程中必须考虑到信息输入的多媒体化和学习者的学习习惯、接受能力，从而更好地发挥多媒体课件的作用。除此之外，多媒体课件的整合还需注意以下几个方面的内容：

（1）根据教学目标和教学内容，突出教学重点。在多媒体教学课件的整合过程中，突出教学重点是十分有必要的，同时这也不是一件容易的事，如果教师将每一部分知识都制作得十分精美、仔细，学生就找不到学习的重点，也不知道该如何做笔记。

（2）根据实际的教学需要，为学生提供适量的多媒体学习资料和网络资源。这样做的目的主要是方便学生的课后自学以及自我提升。

（3）创设接近真实的对话情境或故事情境，增加师生间的交流与互动，活跃课堂气氛，调动学生参与课堂活动的积极性，激发学生学习英语的动机。

（4）提供教学示范，供学生模仿学习，启发学生开动脑筋进行思考，培养学生的思维能力和综合语言应用能力。

（四）课件测试与发布

当多媒体教学课件制作完成后，一定要从头开始完整地检查一遍，也就是说在课件正式发布之前，一定要对课件进行全面的测试。这主要是因为课件中存在大量的多媒体整合素材，尤其是视听方面的素材，这些素材很可能出现媒体链接问题或播放问题，因此需要制作者对每一个结构分支进行运行测试，以观察和寻找其中存在的问题并及时纠正。一般在办公室或其他场所的计算机上制作的课件在任课教师的计算机上使用之前需要提前拷贝出来，在除本机之外的第二台计算机上做测试，这样就可以基本确定课件在教学过程中能正常运行。

由不同多媒体教学课件制作工具制作出的课件，其存储方式或发布方式是有差别的。课件制作完成后教师需要将课件以及课件中包含的媒体素材及辅助播放软件打包放在一个文件夹中，并对其中的链接做相应的调整，然后再将整个文件夹保存到固定存储器中，或上传网络云盘，或将其发布后刻录成光盘。

二、多媒体教学课件设计的界面配色

要设计和制作好一个多媒体教学课件，界面的色彩搭配是十分重要的，不同的色彩搭配产生不同的视觉效果，从而给学生带来不同的视觉感受和学习体验。

（一）色彩的对比与调和

要了解课件设计过程中的界面配色，首先要了解有关色彩对比和色彩调和的概念。两种以上的色彩以空间或时间关系进行比较，从而得出其明显的差别与相互关系，称为色彩的对比；而色彩的调和是指通过两种或两种以上色彩的合理搭配产生和谐统一的效果。在色彩的构成中，色彩的对比与色彩的调和可以说是相互矛盾而又对立统一的关系。因为二者追求的色彩效果和期望产生的作用是不同的。色彩的对比强调的是颜色之间的差别，给人以强烈的视觉冲击；而色彩的调和是通过寻找色彩之间的相同之处或内在联系来减弱二者之间的差异，使画面给人一种和谐、统一、含蓄的感觉，如图 4-1 所示。

图 4-1　课件设计中色彩的对比

1.色相对比

色相对比是指以色相差异为主要形式的对比。色相对比在色彩对比中占有重要地位，无论是纯度高的颜色还是纯度低的颜色都可以进行色相对比。具体分析，色相对比又可分为同类色对比、冷暖色对比、邻近色对比等多种对比形式。

2.明度对比

明度对比是指色彩因为明度之间的差别形成的对比。明度对比是色彩对比体系的重要组成部分，不同色彩之间的层次、质感和空间关系都要依靠明度对比实现。每一种颜色都有不同的明度，在多种颜色中，亮黄色明度较高，橙色和绿色属于中等明度，而蓝紫色的明度则偏低。

3.纯度对比

美术学中的色彩三要素包括色相、纯度（饱和度）和明度。其中纯度对比就是以色彩中的纯度差异为对比关系而呈现出来的色彩效果。纯度对比会将色彩划分为高纯度、中纯度和低纯度三种色调。以低纯度为主的色调会给人一种温馨、典雅、柔和的感觉，如浅米色、深棕色和藏青色等；以高纯度为主的色调则营造出一种色感强烈且丰富多彩的氛围，如鲜红色、亮黄色、正蓝色等，这些颜色对比鲜明，使人联想到欢快的节日气氛。

4.补色对比

补色对比是指色相环上间隔一百八十度的颜色搭配而形成的色彩对比，这类对比最饱满、最强烈，它使色彩之间的对比达到了最大的鲜明程度，还提高了色彩间的相互作用，如红色和绿色、黄色和紫色、橙色和蓝色、黄绿色和红紫色。

5. 冷暖对比

由于色彩感觉的冷暖差别而形成的色彩对比称为冷暖对比。冷暖对比形成冷暖色调。一般红色、橙色和黄色属于暖色调，蓝色、绿色、蓝紫色属于冷色调。冷暖即色性，是心理因素对色彩产生的感觉。例如，人们看到暖色调就会联想到阳光、火焰、霞光、橙柚等事物，进而产生温暖、欢快、热烈、开朗、兴奋、华丽等心理反应；看到冷色调就会联想到天空、海洋、冰雪、青山、草原、碧水等景物，进而产生宁静、深远、悲伤、寒冷等心理反应。

（二）配色的基本方法

配色即色彩的搭配，多媒体教学课件的色彩搭配要以大众的审美习惯为标准，同时要兼顾课件的特点。在进行色彩搭配时教师要遵循三个基本原则：第一是要注意色彩搭配的合理性，选择颜色对比鲜明的色彩一般比较吸引人的注意力；第二是要注意色彩搭配的独特性，除了常见的搭配，还要有别出心裁的搭配；第三则是要注意色彩搭配的艺术性，色彩搭配要适应课件的主题。具体分析，教师在设计课件的过程中可以采用以下三种配色方法：

1. 同类色配色法

同类色配色法只选用一个色相，非常容易调和，且同一色相配色是统一性很高的调和配色。同一色相的色彩搭配具有简洁、清爽、和谐的美感，但过于类似可能会显得十分单调，因此有必要在明度和亮度上进行调整、变化。

2. 邻近色配色法

邻近色是指色相环上相邻的两种颜色。这种配色方法一般是先选用一种颜色作为主色调，然后以其相邻的颜色作为补充、点缀，如以蓝色为主、绿色为辅或者以黄色为主、橙色为辅。邻近色的搭配也是比较和谐的，一般不会使界面看上去有视觉冲突。

3. 对比色配色法

上文曾介绍过对比色是指处于色相环相对立位置上的两种颜色，因而这种配色法由于涉及颜色的色相对比十分明显，会给人一种欢快、活泼甚至刺激的效果。相对而言，对比色配色法的操作难度比前两种配色法要高，如果操作不当，就容易让人产生烦躁不安、情绪不稳的感觉。对比色配色法比较稳妥的使用方法就是以一种颜色为主色调，另一种颜色为辅色调，主色调占据绝大多数空间，辅色调发挥点缀、丰富整个界面的作用。

以上多媒体课件的配色原则在理论上对英语教学课件的设计具有一定的指导意义，但教师还需要特别注意的是，根据这些原则和方法设计出来的教学课件也许在教师的计算机屏幕上可以展现出完美的效果，但是在课堂投影条件下播放可能又是另外一种效果，如相邻的色调对比度太小使文本的辨识度降低，很可能会导致学生看不清楚。因此，教师在上课之前最好将课件用投影仪打开测试，如果发现主要文本的色调偏暗或不容易辨认，就要立刻调整修改，以免影响正常的教学活动。

三、多媒体教学课件制作的重要原则

如图 4-2 所示，在英语多媒体教学课件的制作过程中，我们要遵循以下基本原则：

图 4-2　多媒体教学课件制作的重要原则

（一）教学优化原则

在开展高校英语教学的活动中使用多媒体课件辅助教学的最终目的是改善教学效果，实现教学的最优化。在高校英语课堂教学中，并不是每一堂课都需要使用多媒体教学课件。使用多媒体教学课件的意义在于其是否能较好地展示教学内容、实现教学目标。因此英语教师在制作多媒体教学课件之前，必须先

确定本节课的教学目标，即本节课要讲授哪方面的语言知识，要解决哪些困扰学生的语言问题，要培训学生哪方面的交际技巧，引导学生掌握哪方面的文化背景知识等。然后根据教学目标和教学内容决定是否要制作和使用多媒体教学课件。教师在决定制作教学课件之后，要注意选取传统教学法不易展示或不能展示的知识内容作为多媒体课件的素材，充分利用多媒体图文并茂、声色俱佳的优势展示教学内容、优化教学结构，以实现学生对语言知识的理解和掌握，更新学生的语言认知系统。

（二）信息量适度原则

英语多媒体教学课件的制作需要遵循信息量适度的原则，避免可见的信息量过大或者过小的问题。事实上，英语教师在制作多媒体教学课件的过程中很容易出现信息量过大的问题。虽然克拉申关于二语习得的 i+1 理论假设认为学习者要保证足够多的可理解输入才能习得第二语言，但这个量也不是没有限度的，相反，多媒体教学要遵循循序渐进的教学原则，尤其在语言教学方面，不能操之过急❶。

例如，有些教师在介绍短语 "The eve of All Saints'Day"（万圣节之夜）时，在课件中添加了很多展示万圣节的历史由来、习俗文化的图片、歌曲、影视作品等，尽管展示的内容地道、丰富，图片精美、有趣，学生也欣赏得十分投入，学习得十分开心，但这并不是教学的重点内容，学生需要掌握的重点内容可能被淹没在众多新信息的介绍中，学生的注意力也被这些新鲜的文化知识所吸引，从而无法专心学习其他知识技能。实际上，教师只需要在简短的时间内用几张图片介绍一下这个词组的含义即可。但如果这是英美文化课程需要学习的重点内容，那么大量的信息呈现就显得很有必要了。总而言之，英语教师在制作多媒体英语课件的过程中，要时刻谨记教学目标和教学重点，教学媒体和教学课件都是服务教学的方式手段，课件中信息量的大小应该以能否完成教学目标为主要设置依据，做到适量但不过量。

（三）操作简易原则

当前，高校一堂英语课的时间只有四十五分钟，在这四十五分钟内教师既要复习上节课的内容，又要讲授新知识，还要带领学生做练习，因此英语教师制作的多媒体教学课件应遵循操作简易性原则。评判一个多媒体课件是否符合

---

❶ 许智坚：《计算机辅助英语教学》，厦门，厦门大学出版社，2015：86–88。

操作简易性原则可以从以下三个角度出发：

（1）课件的安装或运行快捷，也就是说课件可以相对自由、不受限制地快速安装到任课教室的多媒体设备上，安装后能快速解析、运行。有些课件中的音频或视频素材对播放器有特殊要求，如果任课教室的多媒体设备上没有安装相关播放器就不能正常播放，因此教师要提前确定好播放器的安装与正常运行或者在设置音频、视频文件格式时将其设置为通用格式。

（2）课件操作简单、灵活、可靠，链接保证能正常打开、播放。课件设有目录、菜单，目录与内容之间的链接可靠，教师能轻松找到想要的内容。

（3）兼容性强。此处的兼容性强主要指课件内容运行需要的工具、插件兼容性强，课件中使用的字体也应该是最常用的，可以正常显示的，课件能够与多媒体设备中的硬件系统和软件系统兼容，以防止运行过程中出现死机的现象。

（四）画面简约原则

在制作英语多媒体教学课件的过程中，教师要遵循课件画面简约原则。多媒体教学课件画面要保持简约的主要目的在于使课件在吸引学生注意力的同时不会出现过多干扰学生注意力集中的、与教学内容无关的信息。教师在制作多媒体课件的过程中要使课件画面保持简约可以从以下三个方面进行：

（1）画面布局突出重点。多媒体课件的画面布局需要突出教学重点，使学生的注意力集中在教学重点内容上。要突出画面上的重点，教师需要做到：放在同一画面上的教学内容（不管是文字还是图片）不能太多；要少用一些装饰性的图片；尽量不使用动态效果的标题或图案；插入的音乐随时可以关闭等。

（2）画面文字数量控制在合理范围内。使多媒体课件保持画面简约的另外一个重要操作就是控制画面上的文字数量，因为过多的文字不仅会使学生产生视觉疲劳，对他们在短时间内的理解和消化吸收来讲也是一个挑战，并且不利于他们静下心来感知语言学习的过程。因此，除了阅读性的材料外，有关知识讲解的内容每页最多十二行；在字号设置上，汉字不小于 24 号，英文不小于 28 号。

（3）在切换不同页面的时候选择的动画效果也应以简约为主，避免过于烦琐，占用放映的时间；同一页面上文字图片的显示、跳转最好"浅入浅出"，不要过于花哨；文字、图片显示和页面切换时还要控制好背景音效，避免声音出现得很突兀。

（五）画面艺术原则

英语多媒体教学课件不仅应该体现出简约特点，还应同时兼顾艺术的表达，做到简约性与艺术性的和谐统一。具有较强艺术表现力的多媒体教学课件不仅能取得较好的教学效果，还给学习者以美的享受，使学习者在接受知识教育的过程中保持良好的情绪和心态。这就要求英语教师在制作课件的过程中应注意课件画面的色彩搭配要合理、要和谐，课件的结构设置要生动且匀称，课件的声音效果和动作展示要流畅。也就是说，最终制作出来的课件要以简约为主要特征，同时也要兼顾艺术性。

综上所述，教师制作和使用多媒体教学课件的最终目的在于实现教学的最优化，每一个教学课件都是为课堂教学服务的，都是以教学目标为指导、教学内容为依据的。所以，教师在制作课件时要认真考虑教学主题，处理好课件内容和课件表现形式的关系，保证形式是为内容服务，内容为教学服务；不能片面追求表现形式的复杂和华丽，分散学生的学习注意力，弱化教学效果。此外，教师还要处理好教师、学生与课件在课件教学中的关系。教师是课堂教学的主导者和课件的演示者、讲解者；学生是课堂教学的主体，是教学活动的参与者和知识的接受者；课件是教师用来辅助教学活动开展的手段和工具，课堂教学的优化和高质量的教学效果是教师追求的教学目标。

四、多媒体教学课件的使用与评价

（一）多媒体教学课件的使用

在开展高校英语教学活动的过程中，教师应注意课件的展示应该以教学目标为依据，与教学方法密切配合，这样才能更好地呈现教学知识和技能，充分发挥多媒体技术在英语教学中的优势作用。与此同时，教师应注意在课件的使用过程中需要做到以下几点：

（1）处理好教师、学生和课件在教学活动中的关系，充分发挥教师的组织、引导作用，学生的主体作用和课件的辅助作用。

（2）控制好课件展示的时机，注意页面的切换速度和切换效果，保证学生有足够的时间思考和消化所学知识，培养学生的多向思维能力。

（3）注意师生之间的互动与交流，适当使用板书，防止学生产生视觉疲劳，保证学生的注意力一直在学习上。

（4）注意使学习者在有意注意和无意注意之间相互转换，使其抑制状态向兴奋、活跃状态转化，激发其学习的积极性和主动性，适当满足其自尊心和表现欲，使其保持长久的学习动力。

在使用多媒体教学课件上完课之后，英语教师有必要进行课后反思。课后反思就是对课件的使用效果、课件使用过程中存在的问题等进行回忆和思考，得出可以继续保持或适当调整的结论。这种结论能为教师下一次使用该课件提供反馈信息。根据反馈信息教师能意识到自己在使用多媒体课件开展教学活动过程中的优势和不足之处，进而加以调整和改进，实现最终的教学目标。

（二）多媒体教学课件的评价

高校英语多媒体教学课件的评价既包括对教学内容的评价，也包括对多媒体教学课件本身的评价，而想要科学地评价英语多媒体教学课件，就要先创建一个科学的评价指标体系。评价指标应是对多媒体教学课件教育价值的进一步细化，指标内容应完整地反映课件在教与学各个阶段、各个层面的教育价值。通过研究国内外各个机构对多媒体教学课件的评价方式和评价要点，结合教育部组织的历届全国多媒体课件大赛的评分标准，依据多媒体教学课件制作的原则，我们将英语多媒体教学课件的评价指标设定为以下五个方面：教育性、科学性、艺术性、技术性和实用性。

1.教育性

英语多媒体教学课件的教育性评价包括两方面的内容，即教学内容评价和教学效果评价。其中对多媒体课件教学内容的评价指标包括：

课件教学内容应符合《英语课程标准》所规定的总体培养目标，符合不同阶段学习者的语言发展能力和认知水平；

课件教学内容中的知识结构体系应该清晰明了，难易结合，突出重点；

课件教学内容中选取的素材应该符合教学内容的要求和学生的身心特点，能全面提高学生的英语听、说、读、写能力，

与此同时，教育性评价中对多媒体课件教学效果的评价指标包括：

通过参与课件教学活动，提高了学生的语言应用能力和语言交际能力；

通过参与课件教学活动，培养了学生学习英语的兴趣，提高了学生的自信心；

教师通过开展课件教学活动，解决了传统教学模式难以解决的教学难题，优化了教学过程。

2. 科学性

英语多媒体教学课件的科学性评价也包括两方面的内容，即课件内容的语言规范性和教学媒体使用的科学性。其中语言的规范性关乎教师的专业素养，体现在教师对教学内容的科学辨认和选择上，教师要仔细研究教材规定的教学内容，确保其正确性，同时还可以根据教学需要适当添加一些课外补充知识。

3. 艺术性

英语多媒体教学课件的艺术性评价主要从课件的界面设计水平和整体设计水平两个方面着手。其中界面设计水平评判的标准为：界面布局合理、样式美观；文字、图片和背景页面的颜色搭配得体；图片或动画清晰稳定；其他色彩搭配和谐，整体视觉效果佳；音乐、动画播放流畅，没有卡顿。而整体的设计水平的较高水准则体现为：文字、声音和色彩相互搭配合理或新颖、有创意，表现力强，符合英语教学目标的要求和学生的认知水平；页面播放流畅、层次分明、节奏紧凑，图形图像与相应的解释说明搭配到位、和谐统一。

4. 技术性

英语多媒体教学课件的技术性评价主要包括课件制作的技术水平和课件中涉及软件的运行效果。其中软件的运行性能可以体现出课件的制作水平，这指的是软件运行稳定、性能良好、具有很好和很强的兼容性和容错力，能够在各类计算机多媒体设备上正常运行；软件具有较强的操作性、可控性，操作者可以轻松找到自己想要的内容。此外，软件的运行效果除了可以从运行是否稳定这一角度评价之外，还可以从软件的程序设计、技术手段、画面解说等角度入手评价。

5. 实用性

英语多媒体教学课件的实用性评价是指教学课件的内容、设计都应符合英语教学的教学目标和教学要求，具有科学性和实用性，有一定的推广价值，能给其他教学工作者带来教学的灵感和启发。具体分析，其实用性主要体现在以下几个方面：

（1）课件选题科学合理，多是使用传统教学模式无法解决或不便解决的问题，因而有用多媒体课件展示的必要性。

（2）课件内容选择恰当，不过于简单也不会太难，应在学生的认知能力范围内且能启发学生的英语学习思维。

（3）使用语言解释难以理解的知识点，借用多媒体手段能生动形象地表达出来，从而促进学生的理解和掌握。

（4）能活跃课堂气氛，激发学生学习英语的主动性与自信心，从而提升教学效果，寓教于乐。

（5）课件制作起来不需要特别难的技术手段，但使用起来操作方便，效果好，值得其他教师学习和借鉴。

综上所述，我们将英语多媒体教学课件的综合评价指标设计为"英语多媒体教学课件评价表"，如表4-2所示。

表4-2　英语多媒体教学课件评价表

一级指标（分值）	二级指标（分值）	三级指标（分值）	指标说明
教育性（25分）	教学内容	目的明确	教学内容符合学习者的语言发展水平和认知能力；教学目的与课程的目标和重点一致（0～5分）
		结构合理	听、说、读、写技能培养和语音、语法、词汇等知识结构符合教学目标，展示内容重点突出、难点明晰，促进学习者掌握语言知识、发展语言能力（0～5分）
	教学效果	针对性强	教学和媒体素材选取适当，有针对性，能对学生的听、说、读、写能力进行训练（0～5分）
		互动交际	教学活动具有一定的交互性，能够激发学生学习的兴趣，培养学生的语言交际能力（0～5分）
		特色鲜明	教学方法有特色，教学效果好，能解决传统教学模式难以解决的问题（0～5分）

续表

一级指标 （分值）	二级指标 （分值）	三级指标 （分值）	指标说明
科学性 （20分）	语言 规范	选材 科学	演示的内容具有典型性和思想性，语言富有逻辑和条理，显示内容提纲挈领（0～5分）
		文字 规范	文字表述正确，无拼写和语法错误，大小写、标点符号书写规范（0～5分）
	科学 规范	合理 搭配	文字、图表、音频、视频素材布局合理，采用的媒体与教学内容一致，搭配合理（0～5分）
		媒体 控制	动画模拟效果逼真，能反应教学内容；录制语音标准，音量可控，影片素材中的对话与字幕可单独呈现（0～5分）
技术性 （20分）	技术 水平	运行 稳定	运行稳定，性能平稳，兼容性好，容错力强，在不同配置的计算机上运行无障碍（0～5分）
		操作 灵活	界面新颖，使用灵活，可控性好，有导航设置，前后内容可随意链接切换，音视频文件操控方便，可随意播放、暂停和结束（0～5分）
	运行 效果	技术 先进	技术手段先进、程序设计合理；课件解说清楚明了，声画同步（0～5分）
		资源 共享	课件运行稳定，可以在网络上运行，实现资源共享（0～5分）
艺术性 （20分）	界面 设计	界面 美观	布局合理、新颖、有创意，文字、图片和背景颜色搭配得体、美观；重点内容突出（0～5分）
		布局 搭配	色彩搭配协调，视觉效果好；图像清晰、稳定；音乐、动画流畅，搭配合理（0～5分）
	整体 效果	视觉 效果	文字、声音、色彩搭配和谐，表现力强，符合教学目标的需要和学生视觉心理的需求（0～5分）
		展示 效果	画面流畅、层次分明、节奏紧凑、过渡自然；图形图像和相关解释说明文字一致（0～5分）

续表

一级指标（分值）	二级指标（分值）	三级指标（分值）	指标说明
实用性（15分）	科学实用	科学合理	选择的教学工具符合教学内容的需要，课件内容有使用多媒体工具进行展示的必要（0～5分）
		实用效果	具有创造性和新颖性，能生动形象地表达教学意图，提高教学效率，寓教于乐（0～5分）
	创新性	应用推广	课件科学实用、操作方便，具有一定的推广价值（0～5分）

第五章　"互联网 +"视域下高校英语课程设计

第一节　高校英语课程设计的多样化发展

一、高校英语课程设计概况

要了解高校英语课程设计的相关内容,首先要清楚高校英语课程设置的相关概念。课程设置是指依据一定的教学目标,通过选择课程内容、确定课程门类、学分和教学时数,编排学年及学期顺序,最终形成合理的课程体系。当前高校英语教学改革的主要内容就是依据《大学英语课程教学要求》(以下简称《教学要求》)的基本原则和指导思想,围绕本校学科专业特色建设和发展定位,开展高校英语的课程设置,由此可见课程设置的重要性。而开展高校英语课程设置则需要做到:通过进行科学有效的需求分析,整合各种教学资源;按照本校英语教育发展的规划,确立本校的英语课程体系,确保满足不同专业类型、不同专业基础学生的不同学习需求,确保提高他们的英语语言应用能力和实践能力。

事实上,高校英语课程不仅是一门教授语言知识和技能的课程,还是一门帮助学生拓宽知识面,了解其他国家、民族文化的素质教育课程,可以说是兼具工具性和人文性特征。因此,教育工作者在设置高校英语课程的时候,也要考虑到西方国家文化知识的介绍和对学生跨文化意识、素质的培养。高校英语课程的重点设置目标是培养学生学习语言的方法策略、对语言的综合应用能力以及跨文化交际能力,使他们在离开高校后的学习、工作和生活中都能自主开展学习，不断提高自身的语言水平和文化修养，并能用英语开展工作、进行交际，以适应我国社会主义建设发展和国际交流的需要。在确保高校英语作为通识教育必修课的基础上，各高校可根据本校的办校特色和实际情况，以《教学要求》和本校英语教学目标为指导，设计出适合本校专业人才培养的高校英语课程体系，把各种类型的英语课程有机结合在一起，确保不同专业、不同层次的学生都能得到英语语言应用能力和实践能力方面的培养与训练。

（一）高校英语必修课程设置情况

《教学要求》没有明确规定高校学生学习高校英语必修课程的学习时长和学分要求，但原则性地要求学校安排足够长的学习时间并设置相应量的学分。同时还要求学校充分利用现代信息技术和教育技术，设计和开发基于计算机和网络的英语学习课程，为学生提供良好的自主学习环境和条件，满足学生的个性化学习需求和专业发展需求。

据相关调查研究表明，受我国高校普遍压缩学时学分改革形势的影响，众多高校英语必修课的学时、学分普遍减少，其中部分高校削减英语必修课学时、学分的幅度还很大。虽然形势严峻，但高校英语作为一门必修课的地位没有动摇，这说明国家还是需要懂英语的国际化人才的，只不过现在的培养方向更趋向于英语综合应用能力和跨文化交际素养的培养。

高校英语的课程类型主要以综合英语课为主，英语视听课和英语口语课为辅，重视学生听、说、读、写、译综合能力的培养。在开展综合英语课、英语听力课、英语口语课为主的课堂教学的同时，大部分高校还致力于加强高校英语网络自主学习中心的建设，保障学生在课余时间可以通过网络进行英语自学。不少注重英语教学的高校还通过购置或自主开发英语学习系统，成立自主学习中心，充分发挥了网络在自主学习过程中的优势作用。比如这些高校会要求学生利用英语自主学习中心的多媒体设备和软件设施练习英语口语、英语写作、英语翻译等英语实用技能，并将其学习进度情况和学习效果纳入期末学生考评体系，这是一种有效鼓励、监督学生学习英语、提高英语水平的手段。

与此同时，由于不同高校在招生类型和专业培养方面的差异性，各类高校在英语必修课的设置上也体现出相应的区别。例如，随着我国高校的国际化发展趋势，很多高校的招生类型中会出现中外合作办学项目，为了满足这一类学生的发展需要，适应国际化发展的需求，高校会对此类学生的英语必修课学时、学分设定较高的要求；在开设课程的种类上，也会考虑国际上的一些要求，加强学生英语口语、写作等输出技能的训练，开设英语口语课和英语写作课。

（二）高校英语选修课程设置情况

高校英语课程设置情况反映了高校教学主管部门和高校教育工作者的教学理念。近年来，随着高校英语改革的推进，高校英语工作研究者在高校英语课程设置方面提出了两种不同的教学理念：一种是传统的把高校英语当作英语专业课来开展教学，另一种是把高校英语当作学生专业学习服务的项目来教。

信奉第一种教学理念的高校，参照英语专业的教学模式和专业课程设置来开展教学活动，除了在基础阶段开设有综合英语、英语视听说类必修课程外，还会在提升阶段为学生开设各类可以提高英语综合应用能力的课程，如英美文化鉴赏、英语报刊选读、英文小说、影视鉴赏等课程。据相关研究统计，这类高校在英语提升阶段的课程设置和教师安排上是不分英语专业和其他专业的，来自不同学院、不同专业的学生可以坐在同一间教室选修同一门课程，接受同一位教师的教育。由于当代高校学生英语水平不断提高，这种综合英语必修课程的减少以及通识英语选修课程的增加成为越来越多高校的选择。

信奉第二种教学理念的高校，认为高校英语课程的设置应当为专业院系的培养目标服务，应培养学生用英语学习专业知识和开展专业研究的能力以及毕业后借助英语从事某种涉外职业的能力。此类高校在英语提升阶段选修课程的设置上各有特色，但其教学观都落脚在专门用途英语课程设置上，即各校根据本校专业特色及发展定位开设各种各样的专门用途英语课程。这种专门用途英语课程主要可分为两类：一类是服务于应用型本科人才培养的各类行业英语课程，另一类是服务于研究型本科人才培养的各类学术英语课程。前者包括知识产权行业英语、会计行业英语、计算机行业英语、旅游行业英语、律师行业英语等课程，后者有学术英语写作、医学英语研究、科技英语阅读、管理科学英语等课程。

（三）高校英语必修课程与选修课程的结合设置

根据前文可知，不同的教学理念必将影响高校英语教育教学改革的趋势以及高校英语课程设置的决策，高校英语课程设置应该为专业英语发展服务还是应该为专业发展服务呢？或是以其中一种设置为主，另一种设置为辅呢？

针对上述两个问题，不同的学校势必会给出不同的答案。但是，在经济全

109

球化和文化多元化趋势迅速发展以及教育信息技术不断进步的时代背景下，国家和社会对高校人才培养的要求也发生了变化，时代发展和社会需求的变化推动着高校英语教育教学改革的进程，在这种情况下，专门用途英语教育越来越符合高校人才培养的目标要求，因而受到了社会各界的广泛关注，以学生发展为驱动，面向高等教育国际化的社会需求，满足学校本科及以上专业人才培养的需求，是新形势下我国高校英语教学发展的主旋律，但这并不意味着高校会放弃开展通用英语的教学工作。

坚持同时开展通用英语教学和专门用途英语教学，是对以上两种教学理念的融合，这也意味着高校英语课程的设置既要为专业英语服务，也要为学生的专业教育服务。在这种形势下，各高校围绕各自的办校特色和学科发展定位，纷纷选择加强专门用途英语选修课程的建设，重视通用英语和专门用途英语之间的交叉融合，改革创新高校英语的课程体系，不断凝练和固化本校的特色课程体系，以更好地服务于本校学生的专业发展。

在具体的课程设置中，高校教育教学工作者应坚持以下原则：

（1）通用英语教学与专门用途英语教学相结合。

（2）教师课堂教学与学生自主学习相结合。

（3）专业课程学习与个人发展规划相结合。

（4）必修课程与选修课程相结合。

分析以上原则可以发现，高校英语教学在课程设置方面既要反映专业人才培养方案对学生专业英语学习的要求，又要尽可能满足不同学生在职业发展规划和个人兴趣爱好等方面对英语学习的多种需求。与此同时，在课程性质方面，高校英语教育教学工作者既要考虑到新形势下高校英语课程学分、学时被压缩的现状，确保各类型、各专业学生在英语学习基础阶段的必修课程设置，又要充分利用高校的通识课教育（选修课教育），争取开设各类通用英语和专门用途英语课程，在努力提高必修课教育效果的同时，给予学生更多可以选择专门用途英语课程的机会，最大限度地满足学生的各种发展需求。

总而言之，在开展高校英语教学工作的过程中，高校教育教学工作者要不断学习新的教育理念，紧跟时代发展的潮流，努力消除人们对通用英语和专门用途英语之间的误区，将各类必修课程与选修课程相结合，为学生提供多样化的英语教育，如英语语言知识、英语语言技能、英语语言文化、专门用途英语等，构建科学、合理、系统、专业的高校英语课程体系，突出校本特色，确保学生在校期间四年的高校英语教育不间断，保证不同专业、不同水平学生的英语应用能力和跨文化交际能力得以训练和提升，为他们今后走出校园、走进社会、参加工作、开始新的生活打下良好的基础。

二、高校英语课程设计的多样化发展

高校英语课程设计在高校英语教学过程中发挥着重要的指导作用。在高校英语课程设计的过程中，高校英语教育教学工作者承担着两项重要的职责，即课程的设计、开发和课程的实施。首先高校英语教育教学工作者需要依据先进的教学理念和科学的教学模式设计高校英语教学活动，并且要保证设计出来的教学活动既要有利于学生英语知识的掌握，又要有利于培养学生的实用英语技能和思维能力。而作为课程设计活动的实施者，高校教育教学工作者可以在课程设计中通过教学实践不断探索新的教学模式和教学方法，以完善教学课程设计，完成既定的教学目标。

根据以上论述可知，英语课程设计理论与英语教学实践的紧密结合和共同发展是高校英语课程设计未来发展的趋势，更是未来中国高等英语教育与国际教育接轨的重要步骤。但具体分析，高校英语课程设计的各个方面体现出了不同的发展特点，因而在整体上呈现出多样化的发展趋势，如图 5-1 所示。

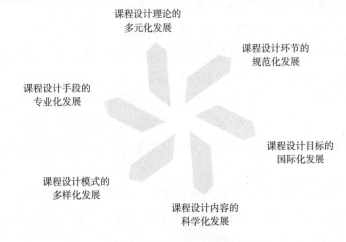

课程设计理论的
多元化发展

课程设计环节的
规范化发展

课程设计手段的
专业化发展

课程设计目标的
国际化发展

课程设计模式的
多样化发展

课程设计内容的
科学化发展

图 5-1 高校英语课程设计的多样化发展

（一）课程设计理论的多元化发展

由于各种语言学习理论和教育学理论各有其科学、独到之处，因此高校英语教育教学工作者在设计英语课程时必须深入学习和研究各个理论的中心思想与教育价值，取长补短，用以指导课程设计工作的开展。

同时为了更好地培养符合时代发展和社会建设需求的高质量外语人才，高校英语教育教学工作者在设计英语课程时必须更新教学观念，不受传统应试教育的束缚。高校英语教育教学工作者要以培养学生的综合素质和创新、实践、学习能力为目标开展课程设计；要使教学内容具有实用性、多样性和国际化特征；要结合传统和现代两种教学手段提高教学效果和工作效率；要创建科学、灵活的教学评价体系评价教师的教学活动。

（二）课程设计环节的规范化发展

随着社会的发展和时代的进步，越来越多的高校开始重视英语课程设计，并且将英语课程设计当作高校英语改革发展的重要组成部分。为了进一步响应英语教学改革的发展要求，提高英语课程设计的专业化水平，在未来的教学工作实践中，英语课程的教学内容会更趋向于应用性和实践性，教学形式会更加灵活、多样，课程设计会更加科学合理，课程设计的环节会更加规范。为了更好地完成英语课程设计的工作，高校英语教育教学工作者要认真研究教学大纲和课程标准，了解各个教学阶段的教学目标和教学内容，使课程设计满足教学开展的要求，进而保证教学目标的实现。

英语教学工作想要实现课程设计环节的规范化则需要做到以下几个方面。

首先，在对每堂课进行设计时，英语教师都要明确这堂课的教学目标，包括知识目标、技能目标、情感态度目标等。对本堂课教学内容中的重难点部分应开展科学、全面的设计，要安排好这部分的呈现方法、练习方法，突出教学重点，达到良好的教学效果。在教学模式和教学方法的选择上，英语教师要根据本堂课的教学内容和学生的认知特点、学习心理选择最合适的方法、模式❶。

其次，英语教师要不断规范课堂教学的过程设计，保证教学思路清晰明了，教学环节之间的衔接过渡自然。课堂活动的组织、设计既具备一定的灵活性，又符合新课标倡导的方法规范。

再次，英语教师所设计的课外活动、课外作业以及相关辅导活动也要遵循一定的规范，不能完全按照教师的个人喜好随意设计。

---

❶ 吴琼，张君：《英语课程设计与分析》，沈阳，辽宁人民出版社，2017：201-205。

最后，教案的书写和作业的批改也要符合一定的规范。教案书写的规范化不仅体现为内容的规范化，还体现为形式的统一化。作业批改的规范化则主要表现为作业批改内容、形式、次数上的统一。

（三）课程设计目标的国际化发展

课程设计目标的国际化发展就是要求高校英语教育教学工作者要积极学习先进的教学理念，培养学生的国际视角，开拓学生的国际视野，通过开展英语课程教学帮助学生认识世界、走向世界，同时也让世界走进学校、走入学生眼中。未来的英语课程设计要逐渐把帮助学生认识世界作为课程设计的目标之一，并以此为目标增设有关必修课程，如英美文化赏析、西方影视文学赏析等，以培养学生的认知能力和创新思维。选修课的开发则更着重于发展学生的兴趣爱好。

在课程设计和课程应用的过程中，英语教学工作者要时刻关注专业学科知识的更新以及本专业的学术发展动态，适当引进国际化课程，为21世纪国家和社会的发展培养国际化的人才。要尤其注重学习能力和认知能力的培养。根据教学改革和教学发展的实际需求，适当调节英语各项技能培养在课程教学中的比例。跨文化意识和跨文化交际能力的培养要与时俱进、灵活变动。

（四）课程设计内容的科学化发展

课程设计内容更加科学化是课程设计的另一个发展趋势。英语课程教学的内容主要来源是根据教学大纲编制的教材，英语教材是课程内容教学的重点。英语课程教材本身有自己的学科知识体系，其体系结构完整、构建科学。然而，知识源于生活，英语作为一门语言，更是与人们的日常生活息息相关。因此，英语课程设计的内容也要与学生的生活实践密切联系，这样才能引起学生学习的兴趣，才能培养学生的综合语言应用能力。

英语教学工作者在进行课程设计的过程中，一定要考虑到学生的身心发展特征，使课程教学内容符合学生的身心发展规律和语言认知规律。通过语言认知规律我们可以得知，语言教学工作的开展必须考虑到学生认知水平的差异。根据学生的认知水平，英语教学工作者要采用不同的方法处理教学难点和教学重点，并适当采取分层教学方式，满足所有学生的英语学习需求，使每个学生的英语语言能力都能得到提升。课程设计内容的科学化发展还体现在教学工作者对教材的处理上。英语教学工作者要根据学生的英语基础适当调整英语课程教学中教材内容的顺序，遵循由易到难、由浅入深的原则；同时还要兼顾课程内容的广度问题，适当拓展教材内容；教学的重点和难点相对突出，争取使学生的学习效果事半功倍。

（五）课程设计模式的多样化发展

随着高等教育改革的逐步深入，多层次的教学模式以及多元化的教学活动设计成为广大教学工作者追求的目标，与此同时，课程设计的模式也变得更加多元化。在认识论、本体论等语言学习理论和教育学理论的指导下，以学生为中心，创建更加开放的学习环境，采用自主式、合作式等多元化教学模式是未来课程设计的发展趋势。随着时代的前进和专业学科理论的发展，英语课程设计模式会积极借鉴其他相关学科的先进设计理念，丰富本学科课程设计的理论研究和设计模式。事实证明，不仅社会学、语言学、教育学、心理学等一级学科对课程设计模式的发展具有指导意义，教育心理学、认知心理学、跨文化交际学等跨学科理论的研究内容也会对课程设计模式的发展起到积极的推动作用。

（六）课程设计手段的专业化发展

随着科技信息技术与计算机技术的快速发展以及互联网的普及应用，现代教育技术应用于课程设计已经变得越来越常见。广大英语教学工作者已逐渐习惯使用多媒体等现代化教学技术优化教学过程、提升教学效果。然而，只是简单的图片、文本、动画或音视频应用已无法满足现代教学工作的目标与教学实践的需求。英语教学工作者还要学习并掌握基于网络的教学设计、图像的采集与处理、动画制作、数字视频处理技术、数字音频处理技术等现代化技术手段，熟练运用这些技术手段呈现教学知识，把学习过程可视化，以达到更好的教学效果。

在传统教学模式面临质疑和挑战的今天，未来的英语教学工作会给英语教学工作者带来更多的困难和挑战。英语教学工作者要想更好地适应英语教学改革发展的趋势，跟上现代化教学的步伐，就要不断地学习新的理念和新的技术；在教学实践中不断探索新的、多元的教学评价机制和手段，促进高校英语教学的进步与发展。

第二节 高校英语微课程的设计与实施

一、微课程的基本概念

微课程是一种以微学习理论为指导，通过分解教学目标、内容和过程，突出教学重难点，微构建型化学习资源，以支撑微型学习的一种课程。微课程的主要教学方式是移动教学或在线教学，与常规课程相比，微课程也具有完整的知识结构体系、教学设计、教学活动、教学评价等环节的设置，只是课程目标简洁、课程内容偏少、学习持续时间较短、学习实际较为灵活❶。

微课程的核心价值在于"微"，其课程研究的主要问题都是一些关注点较为集中的细微之事。微课程的主题明确，直指问题中心，关注点鲜明而简练，一件事就是一个话题，一个话题就是一段课程，在构建课程内容体系的同时，教学者要将教学内容进行碎片化、情境化和可视化处理，使之成为学习者在智能手机、平板电脑等便携式学习装备上也能进行学习的重要资源。

对于学生来说，微课程为其提供了"自助餐式"的学习机会，微课程服务学生开展自主学习的目的在于帮助学生理解某一学科知识的核心概念和重要观点，掌握某一学科知识的学习方法和应用技能，使学生在短时间内集中在某一主题的学习上，系统完整地在一定时间段内完成该主题课程的学习。

二、微课程的主要特点

（一）课程时间短

教学视频是微课程的核心组成部分。根据高校学生的认知特征和学习心理，微课程的时长一般设置在 5～15 分钟，最长不超过 15 分钟。对比传统的每节 45 分钟或 50 分钟的教学课例来说，这样的时间是比较短暂的。

（二）课程内容量少

相较于信息量大且宽泛的传统课堂，微课程研究的问题聚集，主题突出：

---

❶ 王磊：《互联网+背景下高校英语有效教学研究》，长春，吉林人民出版社，2019：140。

课堂教学中某个学科知识点（如学科重点、难点和疑点内容）或者某一主题的教学活动是微课程的主要课程内容，因此相对于一节传统课程要完成的复杂的教学内容来说，微课程的内容更加精简。

（三）课程资源容量小

从微课程视频及配套辅助资源的总容量上来说，一般所有资源的容量加起来也不过几十兆，且视频格式必须是支持网络在线播放的主流媒体格式，只有这样，教师和学生才能流畅地在线观摩课例，查看教案、课件等辅助资源，也可以比较方便地将视频下载、保存或转发。

（四）资源构成情境化

微课程用以教学视频片段为主线整合而成的多媒体素材和课件、学生的参与评价、教师的教学反思以及学科专家的专业点评等教学资源构成了一个主题鲜明、类型多样、结构合理的微课程主题单元资源文件夹，这些文件夹中的内容为师生营造了一个真实的“微教学资源环境”，这种资源环境使微课程具有视频教学案例的特征。广大师生受益于这种真实的、典型的、案例化的教与学情境，进而可以实现隐性知识等高层次思维能力的培养和提升，并可以沉浸式体验不同教学技能和风格特点，从而迅速提升教师的教学水平，提高学生的专业知识水平❶。

（五）创作者身份不限

由于微课程的内容量小、制作简单，所以人人都可以创作微课程；对于学校教育范围内的微课程制作来说，正是因为课程的使用对象是教师和学生，课程创作的目的是将教学目标、教学重点、教学方式等紧密地联系起来，是为了传播教学知识和技能，而不是为了验证什么理论、方法，所以微课程的内容一定是创作者感兴趣的且能提供解决方法的问题。

（六）反馈及时、针对性强

由于微课程能使教师在较短时间内集中开展“没有学生”的上课活动，并且微课程视频具有可以即时发表评论的功能，所以教师能及时看到观看视频者对自己教学行为的评价，获得反馈信息。

---

❶ 黄强：《微课制作与创新教育》，哈尔滨，哈尔滨出版社，2020：5-8。

微课程的首要服务对象是学生，其次是教师，最后是学生家长及其他市民。对于学校教师来讲，要依据学生为主的教育教学思想，从学生认知的角度出发制作微课程，而不是从教师的角度去思考和制作微课程。

（七）成果简化、多样传播

由于微课程的研究内容具体、主题突出，所以研究内容容易表达，成果容易转化；由于微课程的总容量较小、用时简短，所以利于通过手机、网络等渠道传播。

三、开展微课程的意义

在互联网信息技术高速发展的当今时代，微课程作为提升高等教育信息化水平的重要形式，在世界众多国家和地区都得以推广和普及，微课程的制作与实施还为现代化高等教学模式的深化改革提供了可以参考的方法。各大高校作为培养现代化、国际化人才的基地，更应紧跟时代发展的潮流，引领教育的创新与改革。因此，在高校开展英语微课程教学具有重要的现实意义。

（一）顺应时代发展的需求

现代信息技术的发展和应用，已经在不知不觉中改变了人们的学习观念、学习模式、阅读方式；互联网技术和移动终端技术的推广和普及，使人们能高效、便捷地获取各种类型的知识，同时也使知识内容呈现出网络知识特有的泛化和碎片化特点。

当今时代是一个信息化时代，更是一个网络时代，由于网络的出现，使微博、微信、抖音、快手等新型软件相继出现，并对人们的生活方式和沟通方式产生了重大影响。也正因为这些新型软件的出现，促使通过移动终端开展教学工作这一行为成为现代化教学模式发展的必然趋势。因为在现阶段的学习和生活中，手机、移动网络总能轻易地吸引大多数学生的兴趣和注意力，学生对于网络上热门话题、人物、事件的关注度也明显高于课本知识，这也是信息化时代学生的总体特征。

事实证明，信息化时代的学生更容易接受操作便捷、形式多样的数字化教学模式，也十分愿意在新型教育模式下接受知识性与趣味性为一体的学科教育。因此，如果高校的教育教学工作者仍然坚持传统的教学模式不愿做出改变，势必会引发教与学之间难以调和的矛盾。总而言之，微课程是网络时代的产物，具有内容短小精悍、学习时机灵活的优势，在学习、阅读、讲解方式上符合新时代学生的学习要求。

（二）推动了教学改革的发展

信息化教学模式能够推动教学体制的深层次变革，对于高校英语教学工作的开展也是如此。传统的以教师的个人讲授为主的教学模式具有课程内容和讲授方式枯燥无味、教师和学生交流互动少、教师不能及时获取学生的学习状态等问题以及因此导致的学生对课程内容不感兴趣、学习效率低等不良后果。这些问题现象都充分说明了传统的一言堂教学模式已经无法满足学生个性化、多样化、碎片化等学习需求；相反，一些通过公众号、微视频等新媒介形式讲授英语语言文化知识和技能的教学与传播手段在学生群体中受到了认可和欢迎。

微课程的应用不仅能推动高校英语教学模式的变革，还能推动教学资源和课程内容的转变。因为在互联网信息时代，高校英语教学不仅需要对教师的教学模式和授课方式进行创新，还要强调课程内容、课程结构以及评教形式等内容上的变革。微课程的开展就是基于互联网信息技术高效便捷的优势特征，通过搜集和整合优秀教学资源对专业学科知识进行细化的综合，以达到丰富课程内容、改进学习方法的目的。综上所述，在互联网信息时代高校英语教学工作的建设过程中引进和开发微课程教学模式，能够满足教学模式多样化的需求，整合教学资源，促进课程内容的变革。

四、微课程的设计与实施

（一）微课程的设计

1.设计原则

（1）开发高质量的学习资源。首先，高校英语教学微课程的设计应遵循开发高质量学习资源的原则。因为微课程的设计首先是为了提高学生的学习兴趣，增强学生学习的自信心，培养学生的自主学习能力，因此微课程的资源设计应该注意开发高质量的、能促进学生成长的学习资源。高质量学习资源开发的理论依据源自自我效能感理论。自我效能感是个体对自己是否有能力完成某一行为所进行的推测和判断，自我效能感强的学生会对学习产生强烈的愿望，因为他们相信自己能学会想要掌握的知识，微课程的内容设计就是要增强学生的自我效能感，使学生对自己的学习能力有信心。

因此，高校英语微课程的资源设计应该更注重质量的高低，而不是容量的多少；所选学习资源既不要过于简单，也不要难度太大。如果资源内容过于简单，学生就会觉得没有挑战性，因而也不会有学习的兴趣；如果资源内容过于困难，学生理解起来都很吃力，就容易产生挫败感，因而也不利于培养其自信心。具体分析，高校英语教学工作者应针对学生的学习需求和认知水平开发和设计科学、适量的资源，聚焦热点话题，突出课程主题，强调语言应用能力的培养。

（2）控制时间、分解内容。其次，高校英语教学微课程的设计应遵循控制好教学时间、适当分解教学内容的原则。也就是说，在微课程教学时间的设计上，高校英语教学工作者在保证教学效果的前提下应尽量缩短微课程教学的时间，最好控制在15分钟以内。在设计教学内容时，应尽可能地分解大块的知识点，将完整的知识体系划分为一个个小的知识点。因为学生对学习失去兴趣的原因往往是学习过程中的整体学习任务过于复杂庞大，从而让学生望而生畏、失去信心。因此，将较大较难的学习目标分解成逐个的、具体的、易于完成的简单目标，有利于引导学生在一次次的成功后增强学习的自信心和积极性，从而保持持久的学习热情。

（3）体现多元格式特征。最后，高校英语教学微课程的设计应遵循体现多元格式特征的原则。也就是说，高校英语微课程的设计要支持不同的学习形式，不仅可以通过课件的形式应用于课堂教学，还可以通过网络学习平台，满足学习者进行移动学习的需求。不仅适合在学习者个人计算机上进行学习，还能使学习者使用手机、平板等移动设备随时随地地开展学习。

2.设计注意事项

高校英语教学微课程的设计不仅要遵循以上原则，还要注意以下三个方面的内容。

首先，高校英语教学微课程的设计要支持学习内容的传递。微课程主要用于帮助学生自学，因此英语微课程内容的设计要特别注意内容阐述的逻辑性、科学性和完整性。与此同时，还要注意符合学习者的认知水平和语言认知规律，注意其实际操作功能的设置，以保证学习者在没有教师指导的情况下也能自主学习。

其次，微课程的设计要有完整的教学环节和学习流程。当微课程设计的教学内容从单一的专业知识设计扩展到与专业知识相关的其他领域的内容时，不仅要设计好全套的教学环节,还要结合学生学习过程的设计,按照学习习惯和学习逻辑,合理安排活动步骤,实现教师教学与学生自学的有效衔接。以肢体语言微课程的设计为例,教师不仅要讲授有关肢体语言的基本理论知识,还要设计由易到难、由浅入深、环环相扣的问题引发学生的思考。例如,什么是肢体语言?肢体语言共有哪些类型?不同民族相同肢体语言表达的意思一样吗?不同的肢体语言能表达相同的含义吗?通过这样的方式,引导学生逐步掌握肢体语言的相关概念、文化特征,并结合微课程中列举的实例主动研究肢体语言在跨文化交际活动中的应用。

最后,微课程的设计要考虑如何实现学习者与微课程的双向互动。微课程要向学习者提供便于参与课程讨论、开展自主学习、提供实时反馈等方面的项目选择。英语教学微课程的设计也不例外,课程开发者要设计与课程内容相对应的练习活动。例如,授课内容为信函写作的微课程可以设计以下活动:让学生开展在线讨论,针对授课内容提出问题并及时回复学生的问题;鼓励学生展示自己的写作成果并向大家作思路介绍;还可以适当添加练习测试让学生练习写作技巧,甚至还可以抛出一个话题组织学生进行辩论。

(二)微课程的具体实施

1.辅助课堂教学

高校英语教学微课程可以用于辅助英语教师开展课堂教学。具体的方法是:英语教师在进行课程设计的过程中,将传统课堂教学中无法直接呈现的内容进行系统性整合,然后制作成一个个便于学生观看、理解的微课程视频资料加以讲解,以保证学生的听、说、读、写、译方面的综合语言应用能力得到提升。微课程视频资料容量小,便于复制、传播,因而促进了优质教育资源的均衡分布。在开展英语教学的过程中,英语教师要根据自己对相关知识内容的理解对视频内容进行编辑、调整,目的是不断更新和完善微课程的内容,保证教学内容与时俱进、具有实用性和创新性。毋庸置疑,在这个过程中,英语教师的学科专业能力和教学能力都得到了提高。

2.辅助预习与复习

为了体现课程教学内容的启发性和总结性特征,微课程教学也可以应用于英语教学的预习和复习阶段。由于高校英语学习的课时安排相对有限,学生的学习任务重,时间紧,因此需要根据学生没有课前预习和课后复习习惯的情况开发有针对性的辅助型微课程。在课堂教学活动开始之前，教师通过微课程方式把与教学内容相关的预习资料发送到学生手中，保证学生对要学习的知识有初步的认识。在课堂教学活动结束之后，教师针对在课堂上学生难以理解的问题或感兴趣的问题以微课程的形式进行保存和发送，保持学生学习的热度，提高学生的预习和复习效率。

第三节　高校英语在线课程的设计与实施

一、在线课程概述

近年来，在线课程教学方式作为一种新型教学方式受到了大家的广泛关注，慕课（MOOC，massive open online course）是这种教学方式的代表。慕课，即大规模在线开放课程，通俗地讲，慕课是为了增强知识的传播而由具有分享和协作精神的个人或组织发布在互联网上的开放课程。慕课教学模式出现后，便迅速凭借其科学合理的教学内容、多媒体化的教学资源、经验丰富的教学团队以及精心设计的在线学习活动等优势为学习者提供了灵活、免费、优质的学习机会，从而吸引了大量学习爱好者，也促进很多高校和教育机构开始发展开放在线课程和在线教育项目。

慕课教学方式起源于国外，但慕课教学方式自从被我国教育学界和我国的学习者接触到之后，就迅速成为国内教育界熟知的一种开放在线课程，与之相关的各种研究和应用也越来越多，成为大家重点关注的一种开放在线课程，甚至在一定程度上成为开放在线课程的代名词。但事实是，慕课并不等同于在线课程，而只是众多在线课程的一种。开放在线课程形式多样，其区别体现在应用范围、开设方式和教学过程等方面。目前世界各国、各地区为了发展教育，已经推出了多种类型的开放在线课程，如LOOK（区域开放在线课程）、SOOC（小型开放在线课程）、BOOC（大型开放在线课程）。

不同类型的开放在线课程具有不同的针对性和教学特色，但其最终目的都是为学习者提供更多、更合适的学习机会，也给教师提供了展现自己教学能力和人格魅力的平台。对于高校英语教学工作的改革与创新来说，开展在校课程更具有特殊的意义。

二、开展在线课程的意义

（一）符合高校人才培养的需要

当前，高校教育教学工作开展的目标是为国家和社会的发展培养专业能力突出、综合素质水平较高的新型人才，其中应用型、实践型人才的培养更是各类教学工作开展的重中之重。根据 2017 年大学英语《教学指南》中的规定，各大高校应在遵循语言习得和学生学习规律的基础上，根据学校类型、学校层次、招生类型、办学定位、人才培养目标等，合理安排相应的教学内容和教学课时，构建反映本校特色、科学合理、动态开放的大学英语课程体系。

现在的高校英语课程，即使是同名课程，其课程目标、教学课时、学分安排、目标群体也会有很大的差异；即使使用的教材相同，其教学内容、教学方法、教学效果也各有特点。对于这些高校来讲，如果直接借用其他高校的在线课程资源显然并不合适；为了体现高校的办校特色和学科建设特色，他们需要积极探索和开发适合本校人才培养的大学英语在线课程。

（二）利于教师教学能力的提升

学者黄元国和陈雪莹将大学教师的基础性教学能力分为三种：学科知识运用能力、教学设计能力以及教学实施能力。其中教学设计能力是体现教师的教学思维和教学想法的一项重要能力。经过教师认真思考并操作实践后呈现出的教学设计是在线课程开发与建设中十分重要的环节。因为在线课程的制作并不是直接将传统课堂教学内容搬到线上那么简单，它是基于多媒体和信息技术的精细化设计。尽管教学资源种类丰富，很多资源呈现出碎片化、零散化特征，但主线不散，课程的主题会一直很集中。除此之外，在线课程平台能记录教学过程和教学内容的功能也会影响课程内容的设计。高校英语教学开展在线课程，英语教学工作者开发和设计在线课程能有效提高教师教学能力还体现在以下三个方面：

（1）微视频授课方式相比传统的面对面教学模式能促进授课内容的显意识优化。微视频课程时间短、内容精练的特点要求教师在课前对课程内容进行深入分析和研究，然后在视频中进行言简意赅的讲授。经过反复的录制、修改，教师的一些重复性话语和习惯口头禅都大量缩减，因而课程的节奏变得更加紧凑，课程重点更加突出，信息密度也大大增加。视频课程最终以一个作品的形式呈现，学生可以反复观看、学习。

（2）英语教师需要仔细研究并改进课程内容的系统性和层级性。由于在线课程主要以微课视频的形式开展教学活动，而微课视频的课程容量不同于传统课堂教学，所以微课视频对教材内容的章节划分也不同于传统教学模式。英语教师必须重新梳理原来的知识点内容，并依据网络授课方式的特点对知识进行合理的拆分与重组，从而构建层次分明、结构合理的课程章节框架。

（3）英语教师需要精心设计在线练习和测试环节。为了保证学生的学习效果、调动学生学习的积极性与主动性，英语教师需要认真研究和设计在线课程中的在线练习和测试环节，要注意练习和测试的设计必须与授课内容配套，必须针对课程的重难点问题进行设计，这样才能达到巩固学习成果的作用。

（三）促进专业教学团队的建设

高校英语在线课程的开展能够促进英语教学团队的建设。高质量的高校英语教学团队应该由综合教学能力强的英语教师组成，综合教学能力突出的英语教师应掌握扎实的专业基础知识，具备较强的英语语言应用能力和交流能力、专业资料搜集和整理能力、组织和设计教学活动的能力、开展专业学术研究能力、多媒体课件和微课程制作能力等，但事实是，目前高校英语教学团队中这样的多面手所占的比例并不高。而任何一门英语在校课程的建设都是一个复杂的系统工程，单靠一人之力难以成功，只有整个教学团队齐心协力、相互支撑才可能完成。集体备课、分工协作、新教师和老教师相互帮助，减少重复性劳动是这项工程建设的必经之路。所以改变传统课堂孤军作战的局面，整合教师资源、推进团队建设，是开展在线课程为教师职业发展提供的一个现实可行的机会，也能在一定程度上完善高校的师资队伍建设。

三、在线课程建设挑战分析

随着互联网信息技术的发展和普及，在线课程作为一种现代化的重要教学手段已经被众多高校引进和开发。但就目前的发展情况而言，高校英语教学中在线课程的建设仍然存在一些让人难以忽视的挑战。

（一）在线课程硬件设施

高校英语教学网络在线课程的建设需要足够的硬件设施支撑，然而，当前部分高校还存在硬件基础设施不足的情况，这就严重影响了在线课程的正常建设，进而导致学生希望通过在线课程学习英语的需求不能被满足，学生的英语水平难以提升。此外，部分高校还存在网络服务器设备陈旧且缺乏日常管理和维护的问题，这些问题的出现直接影响了学生的上网质量。因为一旦同时上网的学生数量超出了一定范围，就会出现学习数据下载缓慢、网络连接不稳定、在线课堂卡顿等现象，严重影响了英语在线课程教学的效果，打击了学生参与在线课程的积极性与主动性。

（二）在线课程内容

目前，大部分网络在线课程教学的内容设置体现出"商业性＋专业性"的特点，对高校英语等级考试等相关内容的设置较少，而这一部分正是高校学生希望掌握的重点内容。相关调查结果显示，当前已有的涉及高校英语等级考试内容的在线英语课程只是简单地将英语教材内容进行了音频和视频的合成，表面上实现了教学数字化的目标，但教学内容没有根本的变化与创新，并且在课程内容的设计上缺乏对学生个人兴趣和情感体验的考虑。根据以上分析可知，当前高校英语在线课程的内容还较为单调，还不能引起学生学习英语的兴趣。因此，进一步丰富英语在线课程的内容与话题，为学生带来新的学习英语的体验是十分必要的。

（三）课堂监管力度

科学有效的监督管理一直是保证课堂教学效果的必要手段，在线课程属于网络在线课堂，因而也需要有效的监督管理。但事实是，当前的网络在线课程教学缺乏一定的约束性，学生在上课时始终处于一种灵活、松散的学习状态，尤其当学生独自进行在线课程的学习时，就更容易出现注意力不集中、开小差等情况。与传统的课堂学习模式相比，在线课程上学生学习效果的好坏主要依靠学生自身的自制力与自律性，教师在很大程度上无法监控学生的学习行为。在当前高校英语在线教学的体系中，在线课程的开展缺乏有效的监管机制，也没有制定限制学生行为的监督管理制度，也没有对网络教学的效果设置评价的标准，从而给学生创造了投机取巧的机会，影响了英语在线课程的教学质量和英语教师的教学热情。

（四）课程建设目标

当前，很多高校相继推出英语在线课程的目的是顺应时代的发展变化以及高校英语教育教学改革的趋势，在线课程的开发与设计以考试、测验为主，忽视了以学生为主的素质教育理念，这种以完成任务为主的教学方式还没有从传统课堂教学方式的束缚中摆脱出来，高校英语在线课程体系中依旧存在很多需要明确的问题。其中，在线课程建设的目标尤为重要。

（五）评价与反馈系统

当前使用的评价体系和反馈系统主要是大学英语传统教学模式中对教师和学生的考核评价，主要应用于实体课程教学中。而对于当前的网络在线课程的教学质量和效果保障还缺乏相应的有效评价制度和反馈系统。截至目前，还有很多高校没有将网络在线课程教学情况纳入相关课程教学质量的考核评价体系中，缺乏对学生学习进度和学习效果有效的跟踪记录。学生真实而又宝贵的学习体验和对在线课程的意见与建议也缺乏相应的分享渠道和反馈途径，导致学生对网络英语在线课程的学习需求无法得到充分地满足，从而影响学生学习英语的热情和积极性。因此，要真正实现高校英语教学在线课程的教学目标，就要不断完善有效的评价体系和反馈系统，激发学生学习的积极性和主动性，提升英语课程的在线教学质量。

四、在线课程的设计与实施

（一）在线课程设计需要注意的问题

1.明确课程建设目标

高校英语在线课程的设计首先要注意明确在线课程建设的目标，为课程的建设设立好方向。秉承着促进课程资源共享与教学过程更加开放的教学理念，高校英语教学在线课程建设的目标应设定为在互联网信息技术的帮助下，通过灵活、新颖、现代化、数字化的教学方式激发学生学习英语的兴趣，转变学生对传统英语学习枯燥无味的认知偏见。具体来说，就是需要英语教师在课程设计与开发之前就已具备专业的英语知识和技能，并且具有搜集和整理在线课程资料的能力。

在整理完相关教学资料后，英语教师还要根据一些专家和学者提出的专业性建议进一步明确在线课程的目标和整体结构，保证在线课程的目标符合高校英语教学的整体目标，在线课程目标中规定的教学内容包含高校英语教学目标中涉及的相关知识点，以确保课程开发和设计的有效性、全面性。与此同时，为了加强高校英语在线课程的针对性和实用性,高校英语教学工作者还要依据教育教学改革发展的要求,结合学生的学习特点,注意更新和维护在线课程的教学内容,从而构建一个动态化的在线课程体系,以实现在线课程的内容动态化、交互动态化和时空动态化,提高高校英语在线课程的水平和质量。

2. 丰富课程教学内容

高校英语在线课程的教学内容设计应呈现出内容的多样化和丰富特点,即课程内容设计不仅要体现出课程主题的专业、精细,还要注意课程时长方面的控制。英语教师除了要选择一些与日常生活息息相关、能引起学生兴趣的话题作为课程教学的内容之外,还要引入一些与课程主题相关的动画资料、视频资料等,为学生营造一个良好的在线英语学习的氛围,如教师可以搜集一些名师授课的视频、英文纪录片、动画、影视剧等,让他们在自由轻松的学习环境中享受英语知识的输入,加深对所学知识内容的印象和理解。

当然,英语教师要确保所选视频资料的播放时间在 5 ~ 15 分钟,因为时间过长的视频中包含的知识内容也会比较多,这样一来就会增加学生的理解和消化这些知识的压力,达不到较好的教学效果。

除此之外,英语教师还要有意识地添加一些语言文化知识方面的内容。学习英语不仅仅是要掌握一种语言的使用方法,还要了解语言背后的国家和民族的思维方式、精神内容、文化习俗等,进而理解该民族或群体的价值观念和行为标准,消除固有的文化偏见,尊重不同的民族文化,树立学生的文化意识,提高学生的跨文化交际能力。

3. 健全评价反馈体系

高校英语在线课程的考核评价和反馈是衡量英语教学效果、评价英语教学质量、检验英语教学目标是否达成的重要手段,对教师开展课程设计起到了导向作用,对提高学生的学习主动性和积极性也具有促进效果。英语在线课程的考核一般也会通过网络在线上开展,具体的在线考核方式包括单元考核、期末考核、视频学习完成效果考核、线上讨论互动表现考核四种,其中单元考核和视频学习完成效果考核占总分值的一半,线上讨论互动表现考核和期末考核占另一半,总分数按照百分制计算,教师要根据每部分的实际学习情况给予科学合理的评价。

与此同时,英语教师可以通过在线云平台系统上传英语在线课程的作业安排,学生通过计算机或手机等其他移动终端下载作业内容完成后再上传到云平台上，由教师接收并进行批改和反馈。这种新颖的、现代化的布置作业和完成作业的方式不仅能提高学生学习英语的兴趣，还能激发学生的想象力与创造力，提高英语在线课程的效率。除此之外，英语教师还可以通过在线平台对学生的学习时段、学习方式、学习中遇到的问题、学习的状态和频率等具体情况进行监督、记录，以便及时跟进学生的学习生活，帮助学生解决学习中遇到的困难并给出专业的指导意见，从而真正实现差异化教学和个性化教学。

（二）在线课程实施需要注意的问题

1.加强在线课程基础设施建设

高校英语教学在线课程的实施依赖于完善的网络基础设施，网络基础设施中的硬件设备及其提供的网络环境能确保各类在线课程实施的流畅性和完整性。因此各高校应重点加强本校各专业的在线课程基础设施建设，具体的措施包括建设和改造网络实验室与多媒体教室，配置数据库服务器以及网站服务器，积极开发和建设网络教学支撑系统、教务信息管理系统及其他教学服务系统。

与此同时，还要考虑到在线课程实施阶段由于同时间段访问人数增多而可能导致的系统运行缓慢甚至崩溃的情况。为了防止此类现象的发生，高校网络管理人员要对网络在线系统进行实时监控、维护和定期升级、更新，从而保证整个平台系统在运行过程中保持稳定。此外，还要通过在线反馈渠道收集和整理师生在使用平台系统的过程中遇到的各种问题并及时回复、解决，把问题归类整理成注意事项供师生自主查询。

2.加强教师培训力度和学生监督力度

为深化互联网信息技术与高校英语教育教学融合的教学改革，促进高校英语教学在线课程的建设与普及，为在线课程的设计与实施培养专业型人才，高校要定期组织英语教学工作者就在线课程的设计、实施、管理与评价等内容进行培训，激发英语教师利用互联网信息技术创新教学模式和教学方法的潜力，增强英语教师在信息化时代的在线课程教学能力。

英语教师在通过培训和学习提升自身在线课程教学能力的同时还要引导学生积极参与在线课程的学习中来，激发学生通过在线课程学习英语的兴趣，提高学生的学习效率，化沉默学习方式为主动学习方式，从而真正提高学生的英语水平和英语应用能力。

第四节　高校英语混合学习课程的设计与实施

一、混合学习的概念

混合学习模式是当代教育学界所关注的一种热门学习模式，但不同的人对"混合"二字的理解不同。有些学者认为混合学习就是多种学习理论和教学理论指导下的学习模式，如由认知主义、建构主义、行为主义理论指导设计出的学习模式；有些学者认为混合学习综合了"以教为中心"和"以学为中心"两种教学模式；有些学者认为混合学习应同时包含面授学习模式和在线学习模式，这种看法与将混合学习定义为多种数字媒体结合学习模式的观点类似；还有些学者认为混合学习是面授学习、自主学习与合作学习模式的融合。

国外学者辛格（Harvi Singht）和瑞德（Chris Reed）对混合学习的定义是：混合学习注重选择合适的教育技术来匹配学习者的学习风格，以便在合适的时间将合适的知识技能传递给合适的人。

中国学者何克抗认为，所谓混合学习就是：在引导学习者开展学习活动的过程中，结合传统学习方式和网络学习方式的优势帮助学习者掌握相关知识和技能；既要发挥教师在学习过程中的主导作用，又要体现学生作为学习主体的主动性与创造性；只有将二者的力量结合起来，才能获得最好的学习效果。

结合当今时代互联网教育迅速发展的教育教学背景，本书将混合学习定义为：在学校教育、教育机构培训或社会教育培训项目中，依据教育培训的目标、学习者的学习需求、教学资源的类型和教学活动的设计，结合传统学习方式、数字化学习方式和在线学习方式形成的综合学习方式。就目前的实际应用情况来看，混合学习模式大多是将面授学习和在线学习两种模式结合在一起帮助学习者学习的模式，目的是使学习变得更轻松、更有效，是为了使学习者获得更好的学习效果。另外，在单一的在线学习模式中加入面授学习的环节，弥补了在线学习不利于监督管理等方面的缺陷，因此融合了在线学习和面授学习两种模式的混合学习模式一经出现就立刻引起了学习理论、教育理论、教学实践等领域的广泛关注。

二、混合学习的优势

混合学习的具体形式不是固定的，教学活动的实施者需要根据学习对象的学习特点、学习需求和外在的教学条件混合学习模式，不仅有利于发挥各种学习模式的综合优势，也为参照多种模式进行教学设计、开展教学活动的教师提供了创新的机会。具体分析，混合学习的优势体现在以下五个方面，如图 5-2 所示。

图 5-2 混合学习的优势

（一）自由选择学习方式

在混合学习模式下，学习者可以自由选择、组合学习方式进行学习。例如，学习者可以选择先接受面授知识教学，然后利用在线学习系统进行练习、复习和测试；也可以选择先观看教学视频自学，然后将所学知识放在课堂学习中与他人进行讨论或请教专业课教师。混合学习的最大优势就是学习者可以根据自己的学习需要和学习规划选择适合自己的学习方式，甚至在没有教师的情况下反复观摩在线教学视频，根据需要暂停、重播或放大视频。

（二）邀请专家参与评论

混合式学习课程的另一重要优势就是借助互联网信息技术获取优质的外部教学资源，甚至邀请相关领域的专家参与专业知识的讲解答疑。这些专业领域的专家，他们在自身研究领域的知识水平要高于任课教师，因而能给学生带来更多专业方面的启发。

（三）增加沟通交流机会

在混合式学习模式中，学习者将会有更多的机会和教师、同学们进行沟通、交流。因为学习者不仅可以在线下的课堂教学中与同学们面对面进行交流，还可以在网络论坛、课程聊天室中发帖留言，就某一话题开展在线讨论，这比单纯的在线学习和单一的面对面教学都更有优势。在单纯的在线学习中，学习者因为长时间在网络虚拟环境中进行学习，没有真实的人物陪伴和情感互动，难免会产生孤独感；在单一的面对面学习过程中，由于课堂时间有限，学习者大部分时间都在理解和消化新学的知识，没有太多的时间沟通学习的感受和体验；混合学习模式恰好能弥补这两种学习模式的不足之处。

混合学习模式的发展在一定程度上使教育资源的分配更加公平，使高等教育向着全球化、国际化的方向发展，学习者通过互联网可以找到各种类型的学习资源，与来自其他国家、地区的学习者开展交流，互相分享学习经验、开展交流互动。

（四）增加学习反思机会

混合学习模式下学习者能够参加更多的学习活动，接触到更多学习、讨论的机会，从而逐渐树立起反思所学内容的意识。混合学习模式将所有的学习机会都交给了学习者，除了可以在课堂上进行学习和讨论外，学习者还可以在线上利用互联网查询资料，反思自己的学习方式和学习手段；也可以与其他学习者共同反思、协作学习。

（五）增加弹性学习时间

混合学习模式还特别适合没有时间在校接受全日制教育的学习者，这部分学习者可以安排、利用自己的空闲时间进行学习，学习者只要利用网络和手机、平板、计算机等移动终端设备就可以在家学习，这无疑增加了他们的弹性学习时间，增加了他们学习的机会。

三、高校英语混合学习模式的构建

互联网信息技术和多媒体技术在高校英语教学中的广泛应用促进了以教师为主导、学生为主体的混合学习模式的搭建。混合学习模式下的高校英语教学对教师的教学能力、教学技术等各方面也提出了新的要求。英语教师不仅要灵活运用以教为主的教学策略和以学为主的学习方式，同时还要搜集、整理各种可以用于混合学习模式的教学资源，设计混合式教学方法。本书从高校英语教学的实际情况出发，综合考虑英语教学中的语言知识、语言技能、情感态度、文化意识、学习策略五个方面的内容要求，构建了适用于高校英语教学的混合式教学模式，该模式依托网络交互式教学平台开展，由课前、课中、课后三个教学阶段构成。

课前阶段，也称为学习者的预习阶段，由观看微课视频和参与线上交流讨论两部分组成；课中阶段，也称为学习者的正式学习阶段，由上机自主学习和课堂面授教学两个部分组成，其中自主学习模块又包括语音识别、人机互动、仿真场景、学习评价、交流平台五个组成部分，面授教学模块则由小组活动、成果汇报、课程总结和评价反馈四个部分组成；课后阶段是学生巩固和复习所学内容的阶段，包括完成作业、素质拓展和交流讨论三个部分。

根据以上介绍我们可以看到基于网络交互式教学平台构建的混合学习模式中，教师的角色发生了转变，他们不再是传统意义上的知识讲述者、灌输者，而是学生学习过程中的帮助者和支持者，教师在课前和课后的准备及评价工作中需要付出的努力会更多，而学生这一整个学习过程中的主体地位得到了保障，这与传统教学模式注重教师讲解、忽视学生学习状态的做法差别很大。

四、高校英语混合学习课程的设计与实施

高校英语混合学习课程的设计与实施可以分为三个阶段，即课前、课中和课后。

（一）课前设计与实施

（1）混合学习课程的课前设计与实施需要英语教师利用微课设计软件为自己的课程设计一个在线课程，然后根据英语教学大纲和教学目标的要求归纳教学知识点并创建相应的教学知识页面，随后将各种自主创设的教学内容上传至教学资源库中，最后在各章节的页面中编辑好需要学生自主预习的内容。

（2）英语教师还需要制订课程的学习计划，包括学生自主学习和参与面授教学活动的计划，在课程论坛或者聊天群中发布学生开展课前讨论的问题，通过设计在线考试检查学生的预习情况以及知识掌握情况，然后据此为全班学生创建分组并设置小组任务。在完成以上工作之后，教师就可以利用网络交互式教学平台的消息功能向学生发布课程预习通知，引导他们在课前浏览自主学习的内容，查阅相关资料，为下一堂课的参与做好准备。正所谓"预则立，不预

则废"，学生课前是否做好预习，对最终的学习效果有很直接的影响。传统课堂教学模式下，教师虽然可以要求学生进行预习，但无法干预学生的预习行为，也无法保证其预习效果；但在混合学习课程中，教师不仅可以通过平台的学习记录进行检查和跟踪，还可以通过多种网络手段加以提醒和监督。

（二）课中设计与实施

在课程实施的过程中，教师可以按照平台记录的信息了解学生的掌握情况，并按照自己的教学习惯和教学方法组织和开展课堂教学。例如，在组织小组活动时，可以利用网络交互式教学平台对学生进行创建分组，以便于学生开展合作学习、成果汇报等课堂活动，培养学生的合作精神和团结协作的能力，同时也有利于提高教师的教学管理效率，因为教师可以指派不同的组长负责本小组的各项活动。又如，在人机互动和仿真场景的自主学习过程中，教师可以设计一些贴近学生生活或学生感兴趣的话题、场景帮助学生练习英语口语，提高学生的英语应用能力和跨文化交际能力。

（三）课后设计与实施

课后的课程学习分为机房自主课后学习以及课堂面授课后练习两部分，因此，英语教师要针对这两部分的内容展开设计，这两部分的设计主要依赖于现有的互联网信息技术和学校构建的在线学习系统。

例如，有些高校的在线学习系统设有系统自带的题库资源，教师可利用这部分资源为学生布置课后作业，学生可以选择在学校机房、自己的笔记本电脑或手机上完成教师布置的题库作业，同时根据自己的个人情况，有针对性地挑选自己感兴趣或没有掌握好的模块进行练习。很多高校由于条件有限，还无法在整个校园内覆盖无线网络，因此高校在线学习系统为学生提供了离线学习的方式，一旦将需要学习的内容下载到手机或其他移动终端设备上，无论有没有网络学生都可以进行学习，等到网络连接上以后刷新一下，学习时长就会自动记录在学生的学习档案中。

又如，教师可以利用网络交互式教学平台布置学习任务或相关作业，作业形式除了系统自带的题库之外，还可以包括教师自主设计的写作和口语作业等，学生完成作业后从系统上交由教师批改。例如，有一种学生上机进行分角色口语练习的作业形式，这种作业形式要求学生在固定时间段提交以两人为单位进行视频及音频对话的作业。教师在开展日常教学活动的过程中可以通过该系统随时查看学生完成作业的进度，可以看到学生学习的时长、班级平均学习时长、完成相关学习任务的人数、未完成学习任务的人数以及表现好的学生的详细情况等。

因为不同学生学习英语的基础水平不同，因此英语教师可以专门为此类学生设置相关的学习要求，要求其达到单独设置的分数线。此外，有实验需求的教师还可以利用微信、QQ、百度贴吧、微博等普及性较强的手机软件及时获取学生的反馈信息并与学生开展实时交流。课程内容设计取材于真实的情景式对话，教师要引导学生观察生活中遇到同样的话题，用中文和英文表达存在的差异，启发学生的思考，鼓励学生与其他同学通过社交平台等渠道进行分享，从而进一步了解英语语言文化与汉语语言文化的异同。

此外，不只是学校的多媒体硬件设施和在线学习系统可以帮助学生在课后进行学习。社会上还有很多专业人士开发了很多有趣的英语学习 App，如"英语趣配音"就是一款通过配音模仿锻炼学习者英语口语的 App。这一软件的运营方式是：软件中收集了很多英语原味的视频资源，用户首先可以看到很多地道的英语表达和精彩的故事情节；但该软件不只是将这些视频资料整合在一起，而是利用视频剪辑软件将原视频内容切割成了一句一句的英语；因此用户就可以根据个人学习需求和强项逐字逐句地进行模仿练习；最后该软件可以将用户配音和原有视频片段进行技术合成，进而形成一个完整的配音片段；学习者可以将自己配音的影视剧片段发布到自己的微博、朋友圈等平台上，如果配音配得好，还会收获大批的粉丝。

第六章 "互联网+"视域下高校英语自主学习教学

第一节 高校英语自主学习教学的理论支撑

一、自主学习的定义

对于自主学习的定义,不同的学者提出了不同的看法,在此简要列举一些具有代表性的定义。

以维果茨基(Vygotsky)为代表的维列鲁学派认为,自主学习本质上是一种言语的自我指导过程,是个体利用内部言语主动调节自己学习的过程。

以斯金纳为代表的操作主义学派认为,自主学习本质上是一种操作性行为,它是基于外部奖赏或惩罚而作出的一种应答性反应。

而以弗拉维尔(Flavell)为代表的认知建构主义学派则认为,自主学习实际上是元认知监控的学习,是学生根据自己的学习能力、学习任务的要求,积极主动地调整学习策略和努力程度的过程。

20世纪90年代以后,查莫特(Chamot)认为,自主学习强调元认知、动机和行为等方面的自我调节策略的运用;强调自主学习是一种自我定向的反馈循环过程,认为自主学习者能够监控自己的学习方法或策略的效果,并根据这些反馈反复调整自己的学习活动;强调自主学习者知道何时、如何使用某种特定的学习策略,或者作出合适的反应。

中国学者董奇认为，自主学习与他控相对，是学生为保证学习的成功、提高学习的效率、达到学习目标，而在进行学习活动的全过程中，将自己正在进行的学习活动作为意识的对象，不断地进行积极、自觉的计划、监察、检查、评价、反馈、控制和调节的过程。

余文森认为，自主学习就是自己主宰自己的学习，其实质是独立学习。自主与"他主"相对立，它们的根本分水岭是学生的主体性在教学中是否确立；自主学习具有能动性、超前性、独立性、异步性等特征。

综合考虑以上学者对自主学习的定义，本书认为自主学习应包含以下含义：

进行自主学习的学生首先具有内在的学习动机，并且能够明白自己的学习目标；能理解教学的目的和方法；能选择适合自己的学习策略并监督自己的学习过程；能管理自己的学习时间和学习进程；能营造出适合自主学习的氛围和环境；能预知学习结果并评价自己的学习过程、学习成果。自主学习的宗旨是培养学生树立自主学习的意识，引导学生掌握学习的方法，让学生从在教师的指导下开展学习转为不需要教师的指导也能自主学习。

二、自主学习的特点

学习者的自主学习与被动进行学习相比具有以下三个方面的突出特点。

（一）学习的主动性

个体的主动性表现为个体在不受外界因素影响的情况下自愿参加或从事某项工作或学习。个体的主动性还是人的主体性的显著标志，具体分析，主动性又可分为个体行为的目的性、选择性和自我调节性特点。

对于学生而言，个体的主动性体现在自主学习方面。自主学习是激发和维持学生学习主动性的重要方法和途径，自主学习强调通过培养学生强烈的学习动机和浓厚兴趣来促进学生主动地参与学习、开展学习活动。除此之外，还强调学生能够有清晰的自我认知，能够根据自身的实际情况选择合适的学习内容、采取合理的学习方法，并在学习遇到困难时进行适时的自我调节。这种主动性是开展教学活动、引导学生掌握学习方法的理想目标，也是学生实现自主学习的必要保障。

（二）学习的创造性

创造性是学生主体性的另一种体现，也是自主学习的本质特征。之所以说创造性是自主学习的本质特征是因为自主学习是学生在自己已有的知识经验的基础上进行的理解和学习，是赋予所学知识以个人定义和意义的过程，是一种创造性的学习。自主学习强调，学习的过程是对新信息进行意义构建的过程，也是对原有经验进行改造的过程，因为新知识的输入可能会改变原有的知识结构或认知定义，学习者只有不断更新自己的认知系统，才能不断充实自己，才能掌握更多的知识，并尝试把知识变为可以利用的资源。

（三）学习的自主性

与传统的被动学习相比，学生在自主学习的过程中有更多进行独立学习、探究的机会；有更多的实践和空间独立思考问题、提出问题、探究问题和解决问题；学生还能根据自己的学习习惯和学习需求、学习环境选择适合自己的学习内容和更有效的学习方法，把控自己的学习过程，更具创造性地解决学习中的问题。

三、自主学习的心理机制

根据系统论的观点，我们可以从两个角度来认识和理解自主学习的概念，我们既可以把自主学习理解成一种活动，也可以将其当作一种个人能力。具体分析，自主学习作为一种活动是动态的、不断变化的，由其先后执行的程序和子过程或者说是活动机制构成；自主学习作为个体的一种能力来讲本身是一个比较稳定的系统，该系统有相对稳定的内部结构和构成成分，且作为一种能力来说，它的培养和形成需要经历较长的时间。理解自主学习的内在活动机制，可以为教师设计、指导具体的自主学习活动提供依据。本书选择了以下三种具有代表性的自主学习模型来阐述自主学习的内部构成和活动机制。

（一）班杜拉的自我调节理论

班杜拉（A.Bandura）是著名的心理学家，他也是对个体的自我调节行为展开系统研究的第一位心理学家，20世纪90年代中后期，班杜拉提出了个体自我调节行为的三个过程，即自我观察、自我判断和自我反应。班杜拉的理论研究得到了许多人的关注和认可，目前有很多从事自我学习研究的学者在班杜拉自我调节理论的基础上展开了对自主学习机制的深入探讨。

（二）麦考姆斯自主学习模型理论

麦考姆斯（B.L.MeCombs）曾在 20 世纪 80 年代末期提出过一个自主学习模型，该模型阐释了自我系统与自主学习的关系。麦考姆斯认为，自主学习能力是自我系统发展的结果。

自我系统的构成成分和过程成分在自主学习过程中发挥了巨大作用。自我系统不仅能激发学习者的学习动机，而且影响着自主学习中信息的加工和组织。因此，外界想要提升学生的自主学习能力，一方面要引导学生认识到自身所具有的能力，另一方面要训练具体的自我过程。

（三）查莫特的自主学习过程理论

查莫特（Chamot）是自主学习社会认知学派的代表人物之一，他通过学习和研究吸收了班杜拉的自我调节理论并以此为基础提出了自己的自主学习模型，并在后期补充了该模型的一些设计。他认为自主学习与其他学习的共同之处是它们的产生与发展都要受到自我、行为和环境三方面因素之间的相互作用；自主学习与其他学习类型的不同之处在于自主学习除了要基于外部的反馈对学习的外在表现和学习环境作出监控和调节外，还要充分发挥个体的主体性控制和调节自主学习的过程。

查莫特将自主学习的过程分为三个阶段：计划阶段、行为表现阶段和反思阶段。其中每个阶段又有自己独特的内部结构和过程。但自主学习最重要的是学习者要有主动学习的心态。

通常情况下，一个个体要实现自主学习需要具备两个基本条件：一是树立自主学习、想要自我进步的意识，即学习者“想学”；二是学习者知道并理解学习的方法和策略，也就是“会学”。

四、互联网时代进行自主学习的意义

在互联网时代利用互联网信息技术和多媒体技术进行自主学习的意义可分为以下三个方面，如图 6-1 所示。

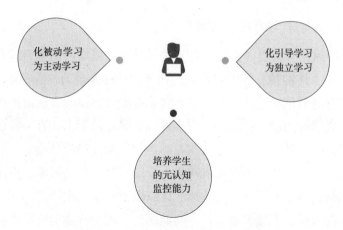

图6-1 互联网时代进行自主学习的意义

（一）化被动学习为主动学习

与传统的被动学习模式"要我学"相比，主动学习模式在学习活动中更多体现出"我要学"的意识。"要我学"没有从学生的个体需求出发，而是源自外界的要求和压力；"我要学"则带有学习者强烈的个人意识和学习需求。

学生对学习的内在需求一方面表现为学习的兴趣，另一方面表现为学习的责任。

（1）学生对学习产生了兴趣，那么参与学习活动对他来说就不是一种压力和负担，而是一种愉快的、有趣的体验。而互联网时代的信息技术和多媒体技术为学习者提供了一些类似游戏挑战的学习环境和类型多样、内容丰富的学习资料，这些学习材料和学习环境通常具有很强的交互功能、超链接功能以及其他虚拟功能，能在很大程度上刺激学生的感官和思维，让学生处于快速思考和吸收的状态，因而对学生们很有吸引力，有利于培养其学习的兴趣。

（2）学生需要意识到谁才是学习的主人、学习的受益者，谁应该对自己的学习行为负责。如果学生意识不到自身具有的学习责任，不能把学习的知识技能与自己的成长、生活和未来发展有机结合起来，这种学习就不是真正的自主学习；只有当学生自觉承担起学习的责任时，学生的学习才属于真正的自主学习。在互联网信息技术高度发达的今天，学生可以通过网络查询话题、搜集资料、开展研究，并将自己的观点和成果在网络上进行发表和传播，然后与其他学生交流得出结论，获得教师的点评，担负起属于自己的责任。因此，在互联网时代进行自主学习有利于培养学生的学习兴趣和责任感。

（二）化引导学习为独立学习

引导学习就是在外界（多是教师）的引导下开展学习的学习方式，而独立学习则突出了个体的独立性学习特点。如果主动性表现为"我要学"，那么独立性则表现为"我能学"。因为每一个学习者都有很强的表现出来的和没有表现出来的独立学习的能力，同时也有一种独立学习的要求，有一种证明自己能不依靠任何人的帮助就能独立完成学习、掌握知识技能的欲望。

基于互联网信息技术的计算机网络由于能呈现出生动形象、直观现实的知识，因而能帮助学生理解知识的构成、体系以及其中的重难点内容，从而帮助学生快速掌握知识，完成独立学习。与此同时，网络提供的超链接功能使各个知识点之间建立起逻辑缜密的系统，因而学生可以根据自己的学习需要和学习兴趣选择相关的知识进行了解和学习。此外，网络具有的多样化交互性可以帮助学生提出疑问、寻找答案、寻求帮助、解决学习中的困难和问题，从而在合作环境中掌握知识。在网络在线学习中，学生与教师地位平等，教师需要更尊重学生的学习独立性，鼓励学生们发现问题、研究问题、给出答案，从而锻炼他们独立学习的意识和能力。

（三）培养学生的元认知监控能力

自主学习要求学生对学习的原因、学习的基础、学习的内容和学习的方法等问题有自觉的意识和规划。在开展学习之前，学生能够独立确定学习目标，选择学习内容，设计学习方法，做好开展学习活动的各种准备；在进行学习的过程中，学生能够对自己的学习过程、学习状态、学习行为进行自我观察、自我监督和自我调整；在完成学习行为之后，能够对自己的掌握程度进行自我测验、自我评价。培养学生对学习的自我意识和自我监控并养成良好的学习习惯，是促进学生开展自我学习的重要因素。

信息技术能促进自主学习活动的开展，在自主学习的前期，学生利用信息技术提供的丰富的学习资源发现问题、提出问题；在自主学习过程中，可以随时随地通过网络自主搜集和整理信息，或在教师的指导下查找所需的信息，分析信息，利用信息来寻求解决问题的方法；最后又可以通过网络对学习活动本身和学习结果进行评价，以更好地促进下一次的学习。在整个学习活动中，学生始终处于主动学习的状态，并对自己提出的问题和解决问题的方法负责。通过网络发表自己的研究成果，完成与同学和老师的交流与合作，并在分析其他同学的学习的基础上对自己的学习行为和学习策略做出反思和概括，进行综合性的评价，对以后的学习提供帮助和改进。因此，我们在学生的学习中，要积极鼓励和培养学生的信息素养，鼓励学生学习的主动性、独立性，促进信息技术与自主学习方式的融合，培养学生的学习兴趣及学习责任，养成良好的学习习惯，使学生的学习更主动、独立、愉快和有效。

第二节　高校英语自主学习教学方法的选择

高校英语教学是一种有目的、有计划的活动。在每一次教学活动开始之前，教师都要进行必要的准备，因为完善的课前准备是保证教学效果的一种必要方法。虽然英语教学使用的教材更新换代比较慢，但学生的情况在不断地发生变化，他们所接触到的知识和信息也发生着巨大的改变，因此即使教授同一课程、统一教材，教师也要认真备课，以加强教学的针对性，减少教学活动的不确定性，找到教师的自信心与方向感。本节将从课堂教学的基本构成要素出发，探讨选择高校英语自主学习教学方法的准备工作和注意事项。

一、确立教学目标

高校英语教师在开展教学活动之前如何进行规划，一般从两个角度出发，一种是"整合计划"模式，另一种是"目标、方法详细计划"模式。我们一般采取第二种模式，因为这是一种技术和策略上的选择，也是一般教案的设计方法，即先把宽泛的教学目标分解为一个个小的教学目标，然后再根据这些具体的目标选择和组织教学内容，选取合适的教学方法和教学组织形式，最后制订出完整、详细的教学计划。

高校英语教学是以外语习得理论、教育教学理论为指导，以英语语言知识和技能、英语语言学习策略为主要教学内容，集多种教学模式和教学手段为一体的教学体系。高校英语教学的整体教学目标是培养学生的英语综合应用能力，特别是听说能力，以便于他们在今后的工作和生活中能灵活地使用英语与英语母语者进行无障碍交流，同时还要培养学生的自主学习能力、帮助他们树立终身学习的意识，提高他们的文化素养，以适应国家经济发展、社会建设和国际交流的需要。教学目标是指导教师开展教学活动的指南，教师要引导学生认同并理解教学目标，甚至可以根据学生的需求让学生参与教学目标的制定。

教育部颁布的《大学英语教学指南》指出：大学英语的教学目标是培养学生的英语应用能力，增强跨文化交际意识和交际能力，同时发展自主学习能力，提高综合文化素养，使他们在学习、生活、社会交往和未来工作中能够有效地使用英语，满足国家、社会、学校和个人发展的需要。

根据我国现阶段基础教育、高等教育和社会发展的条件现状，大学英语教学目标分为基础、提高、发展三个等级。在三级目标体系中，基础目标是针对大多数非英语专业学生的英语学习基本需求确定的，提高目标是针对入学时英语基础较好、英语需求较高的学生确定的，发展目标是根据学校人才培养计划的特殊需要以及部分学有余力学生的多元需求确定的。大学英语教学与高中英语教学相衔接，各高校可以根据实际需要，自主确定起始层次，自主选择教学目标。分级目标的安排为课程设置的灵活性和开放性提供了空间，有利于实施满足学校、院系和学生个性化需求的大学英语教学。

二、加工教学材料

无论是根据已规定好的教材内容进行教学，还是根据自己制定的课程内容开展教学，依据教学目标或教学大纲对可选择的材料进行归类、分析和研究都是教师进行准备工作不可或缺的环节。教学材料是指教学内容的载体，教学材料有多种表现形式。为了使学生掌握专业、系统的英语语言知识，锻炼英语应用能力，提升跨文化交际素养，教材应该为课堂教学活动的开展提供最真实、最符合学习需求的语言样本和有针对性的语言实践活动的材料。教师要充分利用教材提供的语言材料组织好课堂教学活动。

与此同时，高校英语教学工作者还可以通过集体备课的形式，结合教学大纲的要求及原定的教学计划，在深入了解英语学科的性质以及学生的学习基础、学习特点的基础上，集合众多教师的聪明才智和创新思维共同开发和制作用于补充教学的相关课件和辅助类型教材；根据学生的实际需求和身心特点选择和设计教学内容，创建适合学生学习的教学情境。结合互联网信息技术，以声音、影像、动画、视频等多种形式为学生呈现和交接教学内容，帮助学生在最大程度上理解相关知识和技能。

教师们联合设计的辅助教材和课件应该外观、版式色彩鲜明，内容贴近学生的现代生活，围绕学生这个主体向外扩展，让学生在学完一个单元后懂得自己能做什么，在相同的情境该怎么去听与说，在不知不觉中提高听说技能，消除可能产生的心理问题和听说障碍。相比之下，传统教材的不足之处就很明显了：一幅图、一段材料、一个生词表、几道练习题，版面色彩单一，排版单调，不能激发学生学习英语的兴趣，参与课堂教学活动的兴趣也会降低。教学课件与教材有机地结合，为学生展示生活中方方面面的知识，提供诸多与学生身边现实生活有关的话题，可以促进学生对语言知识的运用能力。

三、选择教学行为

高校英语教师在依据教学大纲或教学目标对教材、辅助教材进行选择和决策之后，还必须思考实施什么样的教学行为是合适的。高校英语教师选择教学行为的依据如下：

（一）教学目标或教学意图

高校英语教师在开展课堂教学活动的过程中，每节课都要针对学生的认知领域、实用技能领域以及情感领域确定教学目标或教学意图。任何教学行为的选择和实施都要与这三个领域的教学内容以及所要达到的教学目标联系起来，都要考虑是否能实现本节课的某项教学意图。例如，以锻炼学生英语口语表达的课堂教学就要多设计一些让学生开口说话的教学行为，如组织学生分组讨论、上台汇报、进行辩论等。

（二）学生的特点和情况

学生是教学活动的主体，也是学习行为的主体，教学活动的有效开展需要学生的积极参与和良性互动。英语教师选择的教学行为要符合学生的年龄特点、认知水平、经验积累和学习风格，因为只有当某一教学行为符合他们的认知水平和学习风格时，他们才会感到学习是一种乐趣，而不是一种压力、一种负担。除此之外，英语教师还要考虑到高校学生的认知水平已达到一定的标准，也已具备较为完善的学习策略，高校学生已经能够监控、调整自己的学习行为，但在学习方法的选择上对自主性的要求会比较高。

（三）教学环境和教学条件

高校英语教师在选择教学行为时还应考虑当前具备的教学条件和周围的教

学环境，教学条件会影响教学方法和教学行为的选择，如果教学条件中包含多媒体设备和互联网技术，那么教师就可以选择使用这些技术和设备来实施教学行为；教学环境则会在很大程度上影响学生的注意力和学习体验。

四、设计组织形式

此处的组织形式是指教学组织形式，教学组织形式是指教学互动中教师与学生为实现教学目标所采用的社会结合方式。课堂教学组织形式通常可分为三种：①全班组织形式，也叫班级授课制；②分组组织形式，即把同一班级的多个学生分为不同的组别授课；③个别组织形式，即对单个学生进行单独授课。高校英语教学工作者可采用不同教学组织形式相结合的方式授课。例如，高校可采用分层教学和自主教学的教学组织形式等。

（一）分层教学

根据《教学指南》的要求，高校英语教学应遵循分类指导、因材施教的原则，以适应个性化教学的实际需求。高校英语教学活动的开展应以英语的实际使用为导向，以培养学生的英语应用能力为重点。英语应用能力是指将英语作为一种语言技能用于学习、工作和生活的能力，包括学术英语应用能力和职业英语应用能力，具体分析，又可分为用英语进行口头沟通、书面沟通的能力，用英语进行学术研究的能力，用英语撰写文章材料的能力，用英语进行工作汇报的能力以及进行汉语和英语之间的相互翻译能力。

高校英语根据三级目标提出三个级别的教学要求。其中基础目标教学要求的适用对象范围是在高考中英语成绩合格的学生，基础目标的教学要求也是大多数高校学生在大学本科毕业时应达到的一个要求。提高目标和发展目标教学要求的适用对象是在进入大学之前英语成绩就比较优秀的一部分学生，这一级别的教学要求设置明显要高于基础目标的教学要求，也是对学生英语应用能力要求较高的专业所选择的要求。对于高考英语成绩基本合格的学生，高校可以适当调整基础目标的部分教学要求来开展对他们的英语教育。

高校英语教学三个级别的教学要求从总体要求和单项技能要求两个角度展开描述。总体描述包括英语语言知识、英语语言技能、中西方跨文化交际能力和学习策略的要求；单项技能描述则分别从听、说、读、写、译五个方面对三个等级的教学目标作出进一步的说明。各大高校应依据《教学指南》提出的三级教学目标和教学要求，结合本校的办校特色、院系的发展情况和学生的实际情况，确定具有本校特色的教学目标和教学要求。

根据大学阶段的英语教学要求的三个层次，课堂教学面临改革的首要任务，就是以学生客观存在的差异为前提，设计不同层次的教学内容，改革教学模式，使每个学生在最适合自己的学习环境中求得最佳的发展。在实际教学中，既要照顾起点较低的学生，又要给基础较好的学生有发展的空间；既能使学生打下扎实的语言基础，又要培养他们较强的实际应用能力；既要保证学生在整个大学期间的英语语言水平稳步提高，又要有利于学生个别化的学习，以满足他们各自不同的专业发展需要。

在互联网信息环境下，针对高校学生英语基础水平差距较大的情况，高校可以从入学新生开始实行"分级教学"，即新生入学后先参加英语分级测试，根据测试总成绩，以及其中的听力成绩部分，结合高考英语成绩进行分班教学。根据以上综合成绩可以尝试将学生分为三个级别，即预备一级、一级以及二级。其中预备一级的学生是综合成绩较差、英语基础薄弱的学生，一级的学生则是综合成绩一般、英语基础一般的学生，二级的学生是综合成绩良好、英语基础较好的学生。

根据以上三个级别将全校学生进行分班，每个班的人数在50人左右，如果同一院系相同级别的学生人数不够组成一个班的，就进行跨院系分班，打破传统高校英语以院系分类组班的限制。然后根据各个级别不同的教学对象设置不同的教学目标（计划四个学期内）。

（1）预备一级的学生要完成大学预备级英语一至四级的学习。

（2）一级的学生应完成大学基础英语一至四级的学习。

（3）二级的学生完成大学基础英语二至四级的学习和两门英语选修课的学习，要求学生在完成英语四级的学习之后才能开始选修课的学习；两门英语选修课均设在第四学期；英语选修课的设置以教育部的要求和学校的办学特色及学生的学习情况为依据，如大学英语六级、大学英语口语、大学英语阅读、英美文化概况等。

分级分班工作完成后，英语教师要贯彻落实因材施教的教学原则，以提高学生的英语水平、发展学生的英语潜力为目标开展教学活动。在学生的管理上采用"滚动制"即定期调整学生的级别和课程内容。例如，对于一级和二级中学习成绩特别优秀的学生，可以批准他们在完成规定的网上学习内容后，申请提前参加级别考试，口试和笔试成绩都十分突出的可以提前进入下一级别的学习。每一学期进行一次调整，期末考试后，成绩优秀的学生可以选择调剂，成绩太差的学生则必须降级，每一学期微调一次，每一学年大调一次。

（二）自主学习设置

1.激发学习动机

要培养高校学生的自主学习能力，首先要激发高校学生学习英语的动机。激发高校学生的学习动机可以从以下三个方面入手：

（1）培养学习英语的兴趣。目前高校学生学习英语的动机呈现出较强的功利性，调查研究显示，目前学习英语的动机排在前三位的分别是：①想通过大学英语四、六级考试；②想把英语技能当作找工作的优势；③英语是必修课。由此可见大多数学生具有"证书动机"，他们学英语的目的就是应付考试，为了取得英语等级证书，而很少考虑到日常交际的需要和跨文化交际能力的培养以及自己的兴趣需求。只有少数学生认为自己是因为喜欢英语而学习。因此，培养高校学生学习英语的兴趣尤为迫切。在实际的教学活动中，我们可以采取活跃课堂气氛、设计语言应用实践和布置挑战性任务等方法来培养学生的英语学习兴趣。

（2）建立明确的学习目标。学习目标是学生对学习结果的期待，学习目标根据学习时间的长短可分为长远目标和近期目标。在高校英语自主学习的各个环节，学生都要为自己制定明确而具体的学习目标，并注意将近期目标和长远目标相结合。例如，《课程要求》根据不同学校、不同学生的情况提出了三种不同类型的要求，即"一般要求""较高要求"和"更高要求"。

"一般要求"是高等学校非英语专业本科毕业生应达到的基本要求，是每个高校毕业生必须实现的学习目标；"较高要求"和"更高要求"是对那些英语基础水平较高、想要进一步提升自己英语应用能力的高校学生设置的。高校学生可以根据自己的实际需求和自身能力确定自己应该达到的要求，并以此作为自己的长期学习目标，然后将其进行分解和细化，确定每个学期、每个单元、每个星期乃至每天的学习目标。

（3）检测学生的学习效果。学习结果的检测具有反馈信息的作用，通过效果检测，学生能够知道自己在学习上取得了多大进步，在多大程度上达到了目标，从而进一步激发学习动机。及时了解学习结果会产生很大的激励作用，及时检测、及时强化，这是有效运用强化的一条基本要求。检测的方式很多，可以是书面的，也可以是口头的；可以用考试作为检测手段，也可以用平时的课堂发言、日常交际作为检测手段；可以由学生自己进行，也可以由班级、学校等统一进行。如果检测结果较好，可给予学生一些奖励。通过对学生学习效果的检测和检测后的奖惩措施，另外刺激学生自主学习英语的动机。

2.课程类型设置

建立大学英语基础综合类课程和全校大学英语选修课程的课程体系，该课程体系不仅包括传统的面授课程，更注重开发基于信息技术环境的大学英语课程，将综合英语类、语言技能类、语言应用类、语言文化类和专业英语类等必修课程和选修课程有机结合，形成一个完整的大学英语课程体系，以确保不同层次的学生在英语应用能力方面得到充分的训练和提高。

在促进高校英语自主学习的教学过程中，学生每周的英语学时应不低于7个学时，主要通过课堂面授和自主学习相结合的方式开展教学。课堂面授教学主要分为两种课型，即读写译课型与听说兼辅导课型。其中读写译课型采取大课堂班级授课形式，每周安排两个学时，教师的主要教学任务是帮助学生掌握英语基础知识，提高学生英语阅读、写作和英汉互译的能力，帮助学生理解英美文化的内涵，教师可采取的教学形式包括串讲课文、重难点点播等。

听说兼辅导课型则采取小组教学的形式，根据学生的不同层次，将班内的学生进行分组，每组6～8人，每周每组学生安排一次面授辅导。这种方式适合学生的差异化学习，可以引导小组成员之间的互相激励与合作学习，以师生交流、生生交流以及教师指导的方式，对每单元课文和网上学习内容开展主题讨论或合作学习，重点培养和提高学生的英语听力和口语表达能力；同时对学生课下网络在线学习的进度和程度进行督促检查，随时掌握学生网上的自学效果，解决学生遇到的困难和问题，进行个别指导，并根据学生的学习效果决定学生是否可以继续学习。此外，学校建立自主学习中心配置语音输入系统和输出系统，为学生提供跟机练习、听说训练服务，方便学生在课余时间进行自主学习与练习。这种形式允许学生灵活、自由地安排自己的学习时间和学习进度。具体的课时分配见表6-1。

表 6-1　自主学习课时、课型分配表

种类	面授	自主学习	小班辅导
教学环境	多媒体教室	计算机教室	普通教室
教学形式	教师结合多媒体课件面授	自主学习:校园网络服务器存储学生练习结果	教师小班辅导
教学内容	读、写、译、文化知识点、学习盲点解释	人机互动听说练习为主,复习和作业练习	口语练习、检测学习效果和释疑解难
学生人数	120～140 人	60～70 人	6～8 人 / 组
周学时	2 学时	4 学时	1 学时
学分 / 学期	2 学分	1 学分	1 学分

第三节　高校英语自主学习教学方法的实施

教学方法的实施是实现教学目标的关键阶段,教学方法的实施既要以教学理论为依据,又要符合教学目标、教学内容的要求,还要适合教学对象的特点,并考虑在特定教学情境中的必要性和适合程度。下面从普遍性教学方法和具体性教学方法两个角度出发分析高校英语自主学习教学方法的应用与实施。

一、普遍性教学方法的实施

普遍性教学方法是指适用于各个学习阶段学生和各种课型的教学方法。普通性教学方法主要包括组织教学法、激励教学法和提问教学法三种。

（一）组织教学法

课堂组织是实现教学目标、完成教学任务的一个主要因素。任何教学活动缺少了教师的有效组织都不能展现出应有的效果。因此英语教师必须掌握一定的教学技巧和教学能力,及时地发现课堂问题、安排课堂活动,保证课堂教学的顺利进行。在开展课堂教学的过程中,教师的首要任务就是创造出有利于学生自主学习的环境和条件。当前外语习得理论和教育教学理论的发展使人们对语言的学习和英语教学活动有了新的认知。

交际教学的普及、人本主义理论的运用把学生推上了课堂的主体地位,使教师的角色发生变化，教师是课堂教学活动的组织者、控制者、检测者、启发者、参与者和信息源。课堂组织要选择适当的交互模式，课堂内的交互活动是教学活动的载体。交互活动决定着学生的参与程度，交互模式是否得当、运用是否合理等都会直接影响课堂的组织。课堂活动的互动方式一般分为四种：班级、小组、同伴、个人。不管采用什么方式，都应尽可能地让所有学生参与到教学活动中来。

比如，在进行读、写、译课程教学的过程中，英语教师可采用合班的形式将两个班的学生合为一班，然后在多媒体教室进行统一授课。教师的当面讲授结合课前准备的教学课件，通过文本、图像、动画、视频等多种呈现方式突出了教学内容的重点，在十分有限的时间内为学生提供了广泛而又充足的语言信息，既增加了课堂的教学容量，又扩大了学生的知识面，刺激了学生的感官，活动了大脑思维，从而增强了学生的记忆，提高了学生的学习效果。

（二）激励教学法

相关研究表明，动机在影响第二语言习得的主要因素中占33%的比重。所谓动机，就是对某种活动有明确的目的性，以及为达到该目标而作出一定的努力。对第二语言学习者来说，想要学好一门语言，首先要有强烈的学习愿望，继而产生学习的动力，最后付诸行动。在我国，学生是第二语言学习者的主力大军，但中学生是为了取得较好的高考英语成绩而学习外语的，而上大学之后是为了等级考试和学分而学的。

他们中有相当一部分人的学习动机是短期的、外在的被动性动机，许多学生虽然也能意识到学习英语的重要意义，但由于缺乏内在的、深层次的主动性动机，所以平时学习英语并不努力，对自己的英语成绩也没有很高的要求。他们很少考虑英语语言交际的功能需要以及英语的实际运用能力。在学习英语的过程中遇到困难不是想办法克服困难、战胜困难，而是选择避而不见，选择放弃学习。因此，如何培养和激发高校学生的英语课堂学习动机是英语教师面临的一项重要任务。

要培养和激发高校学生的英语课堂学习动机，首先要了解动机的概念。事实上，一个完整的动机概念由三方面的因素组成，即动机的外在诱因、内在需求与自我中介调节作用。具体分析，动机就是在自我调节功能的作用下，协调自身的内在需求与行为的外在诱因，从而起到激发和维持行为动力因素的作用。

1. 内在需求的培养与激发

动机来源于学习者的内在需求,因此教师要从学生的内心世界出发唤醒他们学习的状态。将学习者的内在需求与学习目标联系在一起,就能将学习者的基本需求状态转化为唤醒状态,进而形成具有一定能量和方向性的驱动力。驱动力是展开行为的直接动因。在实际的教学活动中,教师要引导学生通过仔细认知和理解自己的学习目标来加强学生的内部唤醒状态,进而提高其学习的内部驱动力水平。如果英语学习者能成功开发出这种学习动机,那么他们的英语学习就能持久,就不会轻易放弃,也正因为他们的内心深处对英语学习有坚定的想法,因此他们在学习过程中不容易受外界的干扰,比较能集中精力和注意力。对于英语教师而言,他们需要做的就是根据教学目标和教学内容,搜集整理相关资料信息,为学生创设英语学习的语言情境,帮助学生扩展语言应用知识,不断激发学生的学习需求和学习兴趣。

2. 外在诱因的设置与运用

动机的外在诱因主要是指针对学生设置的行为目标和奖惩办法。英语教师在开展英语教学活动的过程中要根据学习者个人的具体情况设置教学目标,教学目标的水平要高于学生现有的英语水平,既要让学生感到有挑战性又不宜过于困难,并且可以结合学生的学习目标设置,只有这样才能有效调动学生学习的积极性,让学生在完成目标的过程中体验成功的快乐,并形成为长期学习目标奋斗的动机。美国某著名心理学家曾表示,在提高学习效果的方法形式中,表扬起到的作用要远远大于忽视、批评等否定形式起到的作用。因此在教学活动中,英语教师要多关注那些自信心不足、害怕失败的学习者,要鼓励他们的学习能力和进步表现。虽然在教学过程中惩罚学生的目的是帮助学生克服学习过程中出现的注意力不集中和学习不努力的行为,但惩罚行为往往会伤害学生的自尊心和敏感情绪而引起学生的不满,因而不适合经常使用。

3. 自我调节能力的培养

自我调节是连接和协调动机的内在起因与外部诱因的中介桥梁。教师在开展教学活动中要对学生的学习效果进行合理的预期,学生也要对自己的学习行为有合理的预期,根据预期来调整自己的学习行为、学习目标和学习方法等,使学习的行为方案符合自己的内在需求;教师在教学过程中则需注意及时向学生反馈他们的学习效果,让学生时刻掌握自己的学习水平和进展,从而清楚自己的定位，调整自己的学习动机和学习目标。

4.结果成败归因的训练

所谓归因，就是个体对自己或他人行为结果产生的解释或推论。在开展学习活动的过程中，每个学生都会体会到自己的学习行为带来的成功或失败，也能用各种理由解释自己的成功或失败。归因判断是否得当，直接影响到学生的学习心态和自我能力判断。如果学生把失败归因于学习方法不当、努力程度不够时，那么他们就会尝试改变学习方法或者更加努力地学习；如果学生把失败归因于自己的学习能力和学习智商，那么他们可能就会对自己失去信心。

因此，英语教师要让学生对自己的学习智商和学习能力具有充分的自信，指导学生总结学习成功或失败的经验教训，成功的经验值得表扬和继续坚持，失败的经验也十分宝贵，要引导学生客观评论失败的原因并吸取经验教训，争取下一次不会犯同样的错误，培养良好的归因心理。通过这种训练，改变学生的归因方式和分析问题的角度，从而提升学生学习英语的自信心与积极性。

（三）提问教学法

提问是课堂教学最常用的方法之一，也是很有影响力的教学艺术，几乎所有的教师都采用过提问的教学方法。学生只要对某个问题产生了好奇心，那么强烈的求知欲和探索欲就会促使学生去了解、去习得。而引导学生进行探索式学习的前提就是疑问情境的设置，英语教师要通过设计和创建问题情境，使教学内容和学生心理之间产生一种认知冲突，从而把学生引入问题解决的情境中。教师的提问与学生的回答作为高校英语课堂最常见的对话形式，可以促进师生之间的有效沟通与情感交流，并且具有调控教学过程、了解学生学习状态的作用。提问可以保证学生参与教学活动中来，通过提问过程中问题的调节，教学语言会更加清晰易懂；因而说提问是组织教学的有效手段，适用于课堂教学的各个环节。英语教师在提问的过程中，要注意以下四个方面的策略问题。

1.计划提问策略

英语教师要想吸引学生积极主动地参与回答问题的活动中来，就要提前计划提问的目的，想好问题吸引学生的点在哪里，然后选择具体的问题内容来组织和设计问题，并尽可能预测学生的回答，从而做好应对的准备。

2.问题设计策略

英语教师在设计问题的过程中，还要考虑问题的设计要尽可能地启发学生的思维，锻炼学生的语言能力，考验学生的知识水平；对于这类问题的正确回答，往往能极大地提高学生的自信心，促进学生语言应用能力的发展。

3.控制提问策略

英语教师在提问的过程中还要注意有意识地控制提问的节奏，调整提问的方式，使问题由易到难，体现层次性和渐进特点，留给学生足够的思考时间；当学生无法回答时，教师要适当给予提示并引导学生找到正确答案，或者再找一名同学回答。

4.提问反馈策略

英语教师要对学生的回答及时给出中肯的评价，这是提问方式有效进行的重要保证。对于回答正确甚至超出预期值的学生，教师要给予口头称赞甚至非语言性的肯定动作、表情，让学生感受到教师的认可，帮助学生体验成功，提升自信心；对于回答失误或者不完整的学生，首先要肯定其表达能力，然后尽可能地引导其说出正确的答案，即使没有说出来也不要表现出失望的态度。

在互联网信息时代，高校英语教师可以将教学内容转化为各种形式的有教育意义和教育价值的问题，并呈现在多媒体教学演示课件上，为学生开展课内外的研究性学习提供话题、设置起点。由于整个教学过程就是一种提出问题和解决问题的持续不断的活动，因此我们应该为学生创造各种利于思考的空间。高校英语教师要善于使用互联网信息技术和多媒体教学系统引导学生思考问题、回答问题，开发学生的思维，而不是限制学生的思考能力，使学生只能被动地跟着老师走。

二、具体性教学方法的实施

具体性的教学方法是指在教学活动中培养学生听、说、读、写能力的教学行为。本书将根据高校英语教学的主要教学内容从听力与阅读、口语与写作、词汇和语法三个角度探讨互联网时代背景下促进大学英语自主学习的教学策略。

（一）听力与阅读教学法

高校英语教学中涉及的听力与阅读材料是一定社会制度和文化背景下的产物，因此学生需要掌握一定的西方文化和社会背景知识才能全面、透彻地理解材料的内容与含义。互联网时代背景下，高校英语教学可以利用互联网信息技术和多媒体设备获取信息资源,设计教学行为,构建教学活动,传授给高校学生高校英语听读的基本知识和相关技能,培养学生利用互联网和多媒体技术获取英语听力与阅读资源的能力并提高英语听读技能的能力,同时引导学生感悟计算机文化的丰富内涵,拓展学生的文化视野,树立学生的文化意识。

互联网信息技术的发展还为多媒体辅助高校英语阅读教学提供了良好的条件。因为对比传统的印刷文本类型的教学方式,多媒体将阅读内容的文本、声音、图像等媒体信息融合在一起形成一种综合信息,从而增加学生的阅读兴趣;与此同时,多媒体自带的辅助功能,如在线词典、电脑发音等功能,可以帮助学生更好地理解阅读材料,降低阅读的难度,提高阅读的效率。除此之外,多媒体在用于高校英语阅读教学的优势还体现在学生对电子阅读文本的学习上,利用计算机多媒体设备,学生可以直接对电子文本进行复制、修改,阅读行为不再是学生的单向付出,而是学生与阅读文本之间的双向交流、互动。这种双向的交流模式更有利于学生开展自主学习。由于听力教学和阅读教学这两项内容都涉及信息的接收、处理以及社会文化背景知识对理解力的影响,因此教师在对学生的这两项技能进行训练时,可尝试采用以下三种策略。

1.建立、拓展图示策略

建立、拓展图示策略指英语教师在听力、阅读教学过程中,要训练学生形成与听读材料有关的背景知识,增强对篇章的联想、制约和理解。教师要提供机会以唤起学生已有的背景文化知识,同时还要拓展一些与信息相关的背景知识。该策略主要用于听力、阅读课教学的引入阶段。

教师在讲解和介绍英语听力与阅读材料的过程中常常需要对中西方文化中的差异性进行对比,如中西方的社会制度差异、风俗文化差异、思维方式差异、道德观念差异等,此时英语教师就可以利用多媒体信息技术建立起图片、动画、视频、音频等图式,帮助学生理解听读材料或介绍相关社会文化背景知识。一般学生对材料的背景文化知识了解得越多、越深入,就越有利于理解材料。

社会文化背景知识对于英语语言基础薄弱的学生学习听读材料来说尤为重要,因为这一部分学生只会使用低层次的处理技能认知和理解英语语言词汇与语法,并且由于技能掌握不足经常会导致认知失误;而启动和建立材料的社会文化背景知识则属于高层次的处理技能,借助这一技能就可以弥补认知失误的不足。互联网信息技术为英语教师在教学过程中生动地展现或导入背景知识提供了便利。

2.训练听力、阅读技巧策略

训练学生的听力、阅读技巧策略是指英语教师要通过训练学生掌握和运用高超的听读技巧帮助学生提高听读材料理解能力的方法策略。该策略在英语听读教学过程中以教师布置任务、学生完成任务的方式进行。高校英语教学过程中该方法策略通常需要训练学生的以下几种听力、阅读技巧：

（1）猜测技巧。猜测技巧是指学生根据已经掌握的材料主题以及社会文化背景知识或者建立起来的图式能高效预测所要听、读内容的技巧。

（2）寻读特定信息技巧。这一技巧是指在阅读材料过程中学生能很快找到其中一条或几条特定信息的方法技巧。

（3）掌握材料大意技巧。这一技巧是指学生能够通过快速浏览全文，掌握材料中心思想或主题含义的技巧。

（4）识别功能、话语结构技巧。这一技巧是指学生能够通过识别特殊含义的符号进行选择性听或读的技巧。

（5）根据上下文猜测词句含义技巧。这一技巧是指学生在阅读材料的过程中遇到不认识的单词或句型时能根据上下文语境猜测其意思的技巧。

3.丰富语言输入策略

语言课堂的教学活动可以分为两大类，即为学生提供语言输入类和鼓励学生输出语言类。语言的输入要依靠听力和阅读，语言的输出则依靠说和写。输入和输出关系密切，没有输入就没有输出，通过多听和多读能够使学生输入的语言材料越来越丰富，掌握的语言知识越来越多，也就越有利于语言输出的准确性、流利性和多样化。英语教师要广泛搜集和整理教材之外的、适合学生了解的英语语言听读材料，为学生提供多种接触真实语言材料的机会，训练学生的听读技巧和听读能力。

（二）口语与写作教学法

高校英语教学中教授的英语口语与写作课程是为了帮助学生掌握最基本的英语语言应用技能和语言表达形式。语言教学的中心任务就是培养学生通过听和读接收信息，再通过说和写传递信息、交流情感的能力。中国学生开口说英语需要克服的最大困难就是自己的心理障碍，如不自信、怕出错、怕别人嘲笑等。教师帮助学生克服心理障碍的主要方法就是以身作则，用英语授课，用英语同学生交流，并营造出轻松、愉快的学习气氛，鼓励学生用英语回答问题、表达想法。

1.教学过程交际化策略

教学过程交际化策略是指英语教师在训练学生听、说能力的过程中，应有意识地加入交际训练的成分，让学生进行真实的信息交流。教师可以提供一个话题或者交际的场景，让学生开动脑筋思考在特定情境下应如何构思语言表达。还可以借助信息技术在线聊天和电子笔友的功能，为学生创造一个真实的说、写语言运用环境。学生在与英语国家的笔友通信往来时，学生听到的、读到的都是地道的英语表达，还能接触对方独特的思想观念，并与对方进行跨文化交流，输出中华优秀传统文化，这将有助于学生形成英语语感、树立正确的文化意识。

除此之外，电子邮件写作具有灵活性和实时传递的特点，适合远程交流活动的开展；word 文档的拼写和语法检查功能则能帮助学生迅速检查出单词拼写和语法错误；电脑词典可以为学生提供词义参考和查询，方便学生查找单词，修改错误：这些都有助于学生使用英语和体验英语。

2.巧妙处理语言错误策略

巧妙处理语言错误策略指教师应树立正确的语言错误观，正确看待学生表达中出现的错误，在不同阶段、针对不同学生、按错误的程度区别对待语言错误，引导和帮助学生改错。教师要及时引导学生看到自己的进步，加以鼓励。许多研究表明，害怕错误的学生常在口语练习中保持沉默，或在写作中机械照抄课文原句，因此教师在纠错的过程中，要帮助学生树立自信心。

3.练习方式活动化策略

练习方式活动化策略是指英语教师要有目的地设计语言表达练习活动，为学生使用英语提供真实的条件和机会，而不是依靠单纯机械式重复掌握固定表达。英语教师可以通过组织英语类型游戏、英语活动演出、英语演讲比赛等活动帮助学生使用在课堂之外学习到的语言知识和信息。

（三）词汇和语法教学法

美国著名外语教学专家布朗（H.D.Brown）曾指出，词汇和语法的掌握在外语习得中具有十分重要的作用，它们不仅在语言课堂教学中发挥作用，而且能加快学习的进程，帮助学习者达到较高的语言水平，词汇和语法教学将提高学生的外语交际能力作为教学的主要目标。

1.完整步骤化教学策略

完整步骤化教学策略是指英语教师在开展语言形式（词汇与语法）教学活动的过程中，应设计一系列完整、有步骤的教学活动。学生在这些步骤的指引下逐渐掌握语言知识，最终达到合理运用语言形式进行交际的目的。该策略的运用将引导学生走过一个从“不知”“知之”到“用之”的过程。

2.训练有效记忆策略

训练有效记忆策略是指英语教师在进行词汇教学时应有意识、有目的、有技巧地引导学生运用相关记忆方法和手段提高记忆效率、记住更多词汇表达的方法。通过进行记忆训练，学生能在原有词汇储备的基础上进行相应的拓展。

3.整理归类、区别对待策略

整理归类、区别对待策略是针对词汇教学来讲的，具体是指教师在词汇教学过程中要区分主动性词汇和被动性词汇，应采取不同的教学手段，对学生提出不同的学习要求。教师应引导学生对词汇适当进行分类，按同类的转化、派生，以及一词多义、一义多词、近义词、反义词等帮助学生整理词汇，达到巩固的目的。在词汇较多或复习词汇阶段，运用该策略可以帮助学生在大脑中建立词汇间相互多重联系，以巩固和加深记忆。

4.比较概括策略

英语教师在教授英语语法的过程中可以适当使用比较概括策略。该策略是指英语教师要适时对学生学过的语法现象进行分类、对比、归纳和总结，如可借用图表制作、讲故事等方式对语法进行总结，以加深学生对语法知识的理解、记忆和掌握，提高学生的语法应用能力。

第七章 "互联网 +" 视域下高校英语教师的素质提升

第一节 高校英语教师的角色定位

一、英语教师的角色定位

高校英语教学具有独特的学习方法和实践体系，英语教师在开展教学活动的过程中需要从英语学科的具体特点出发，研究在教学中如何培养学生学习英语语言和文化的兴趣，可提高学生的英语语言综合运用能力，这就要求英语教师必须适配以下与教学相关的多重角色定位，如图 7-1 所示。

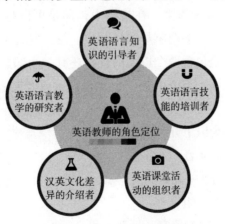

图 7-1 英语教师的角色定位

（一）英语语言知识的引导者

英语教师是英语语言知识的引介者和诠释者，因此首先自身要具有专业、正确的英语语言知识储备。也就是说，英语教师必须掌握系统的专业知识体系，并且能科学地分析各种英语语言现象。根据对教师教育的研究可以发现。

英语教师需要掌握英语语言基础及应用知识（图7-2），这些知识内容主要包括英语语音知识、英语语形知识、英语词汇知识、英语语法知识以及英语阅读知识、英语写作知识。具体分析如下：

图7-2 英语语言基础及应用知识

1.英语语音知识

（1）单词发音以多音为主。在英语中，词是可以独立存在的最小语义单位，英语中的词由一个或多个字母拼写而成。就其发音来说，大部分英语单词都是一词多音，也就是包含两个以上的音，还有一小部分只有单元音音素的词是一个音，如 a、or 等。英语中把一个元音音素或者元音组合看作一个音节，根据其音素构成特点，可将其划分为开音节、闭音节等。从音位角度分析，英语单词的音节又可分为以下几种类型：

第一，单元音或双元音。

第二，辅音（组合）+元音。

第三，元音+辅音（组合）。

第四，辅音（组合）+元音+辅音（组合）。

英语中存在的大量双音节词和多音节词的发音就是由上述这些基本音节类型互相交叉组合形成的。然而，即使是单音节词，只要其由辅音结尾，它发出来的就至少是两个音，如"pop、part、sob、dad"等。英语单词尾部的辅音音素能自然地与其后续单词开头的元音音素拼合在一起，因此英语单词在很多情况下可以前后连读，这也是将英语称为拼音文字的语音学和音位学的理论依据。

从是否押韵的角度分析，英语单词的数量巨多，一词多音，尤其是单词经常带有的辅音尾音使其韵脚的种类繁多。例如，"serve"和"stern"这两个词的元音音素虽然相同，但因为其后的尾音是不同的辅音音素，所以并不押韵。两个单词要想押韵，单词尾部元音后的辅音音素必须相同或者发音相似。因此，相较于汉语中的同韵字，英语单词中的同音词和同韵词就少多了。

（2）短语、句子有调，单词无调。英语属于语调语言，因其音高起伏而形成的旋律模式与短语、句子的发音是紧密结合的。英语中的单个词语并无声调的差别，声调只体现在短语和句子上。英语中的语调分为三种，即平调、升调和降调。通常情况下，句子的前部、中部或者不在句尾的短语读平调，句子尾部则读降调或者升调。例如：

A women teacher was busy in the classroom, and the students were listening carefully to her.

此外，一般疑问句句尾读升调，例如：

Can you give me five dollars?

从字词、语句的发音节律分析，英语发音属于"重音律动"模式，该模式的特点是遵循句子重音复现的规律，以重音为节拍吐字发音。因此，虽然英语发音没有平仄之分，但在单词层面和句子层面却有轻重音之分。例如，在句子层面，每一个句子都有一处或多处句子重音，如"John works very hard in the company."一句的句子重音就分别落在"John""works""hard"和"company"上，"very"若不强调通常不重读，其他几个词是非重读音节，一般一带而过。

2. 英语语形知识

英语属于典型的拼音文字，英语的拼音特点有利于人们通过其字形联想到其发音，并根据其发音判断其含义。英语字形的特征是有线条感，由直线和曲线构成，该特征使英语单词具有流线型结构，所以书写起来比较便利、流畅，利于连写。与汉语的象形特征不同的是，尽管英文字母具有一定的会意性，但是没有任何的象形性，也就是说，英文字母、单词的外形都与自然界的众多事物没有任何联系，因此不太容易引起人们对客观世界的联想。

与此同时，西方拼音文字的构成方式也独具特点，如英语文字是通过无意义的字母的线性连接来构成意义的最小单位——单词的，然后再由单词的线性排列构成短语、句子和篇章。由于英语文字外形的立体感不强，且没有任何的象形功能，因而西方世界的人们逐渐形成了脱离客观世界物象、纯粹借助文字符号的抽象思维。这种脱离现象是古代西方人在其长期的为了生存与大自然做斗争的过程中逐渐产生的。在早期西方人的生存与发展过程中，大自然与人类不是朋友，西方人将大自然看作敌方，是战斗的对象；在古代中国人提出"天人合一"的发展思想时，西方人将战胜自然、征服自然、让自然为人类服务作为生存目标。总而言之，对比汉语语言文字来说，英语语言文字更具抽象性和逻辑性。

3. 英语词汇知识

（1）英语词汇的形态结构。了解词的各种构成要素及其称谓。

（2）英语构词法。英语单词构成有其规律，很好地掌握了构词规律，才可以很好、很快、准确地记忆单词。

（3）词类。词类又叫词性，根据不同的标准可以进行不同的分类。一般根据英语单词在句子中的功用，可以分成十大类：名词、形容词、副词、动词、代词、数词、冠词、介词、连词、叹词。

（4）词义与语境。语境即言语环境，它包括语言因素．也包括非语言因素。上下文、时间、空间、情境、对象、话语前提等与语词使用有关的都是语境因素。词义即一个词的最初含义，称作本义。以本义为出发点，根据它所反映的事物或现象的各个特点，词在它的发展过程中又会产生若干个与本义相关但并不相同的意义，这就是词的引申义。语境对词义的作用主要表现在消除歧义、限定所指、提供猜词线索三个方面。

（5）英语习语。语言是文化的载体，习语又是语言的精华，是一门语言不可或缺的重要组成部分。习语一词的含义甚广，一般指那些常用在一起、具有特定形式的词组，其蕴含的意义往往不能从词组中单个词的意思推测而得。

4. 英语语法知识

语法是研究语言结构规律的科学，它说明该语言中词或短语等语言成分是如何结合起来形成句的。英语语法包括问法和句法两部分。前者是指用的结构、形式和类别的变化，如名词和代词的数、格、性，动词的人称、时态、语态、语气，形容词和副词的比较等级等。后者指的是句子中词以上的语言形式的排列组合规则，包括词与词的关系、词的排列、短语和句子的组成以及句子成分等。

5.英语阅读知识

（1）文体及结构知识。文体一般有 4 种，即记叙文、说明文、议论文和应用文，在写法上它们都有各自的写作方法和结构特点。

（2）文化背景知识。文化背景包括政治、经济、社会、科学技术、天气情况、地理环境、人物的性格特点及知识水平等各个方面。

（3）生活经验。阅读理解的能力一般随着生活经验的丰富而不断提高。

（4）习语及固定搭配。每一种语言都有自己的习惯用语和固定搭配。一般情况下，这些用语和固定搭配是不能单从字面意思来理解的，英语也是如此。这就要求英语教师在平日的英语学习与教学中进行广泛的阅读，积累、掌握英语中的习语及固定搭配。

6.英语写作知识

（1）英语写作训练的目的。在英语教学中，英语写作训练一般包括 2 个方面：一是语言基础方面的训练，即语法和句法等方面的基本功；二是写作知识和能力方向的训练，即写作的基本理论和技巧。

（2）英语的思维方式：中国人用英语写作还面临着思维方式的转变问题，不熟悉英语语言思维方式的人，无论有何等"高超"的写作技巧，都不可能创造出优美地道的英文作品。

（3）英语语言的功底。英语语言的功底指对这门语言中各种语言知识的掌握和运用能力，其中包括用词的准确和精炼、修辞手段的自如运用、时态的准确以及语法和句法结构的熟练掌握等。

（4）汉语、英语用词和表达习惯的不同。由于英语、汉语是两种不同语言体系，词汇的使用和词义，在许多情况下会有很大不同。具体来说，同一个汉语词的意义在译成英语时，要使用不同的英语来表达。反之，同一个英语词译成汉语时也可能有不同的译义。

英语教师需要掌握的知识由许多方面构成，包括综合文化知识、英语专业知识、教育学科的知识以及社会实践知识等。老师不仅是教育者，同时也是学习者，在当今信息时代，随着社会日新月异的发展，知识更新的速度也越来快，不断考验着英语教师的学习能力。

英语教师的学科知识应该包括语言学、认知学、心理学、教育学、社会学等多种学科知识，是英语教师在学习生活、专业教育、教学实践中逐渐形成的关于英语、英语学习和英语教学的知识。它们构成了教师潜在的语言观、语言学习观和语言教学观，影响着教师每一个具体的教学行为，指导教学活动顺利有效地进行。体现在具体教学上，英语教师关于英语的学科知识影响着教师对语言理论、语言教学、课程设置及对教学内容、教学重点、师生角色、课堂活动、教学资源使用的理解等。而针对我国英语教学的特殊性，我国英语教师的学科知识旨在解决英语教学的以下几个核心思想：①语言的本质；②语言学习的特点；③外语学习与母语学习的本质区别；④影响中国人外语学习的重要因素；⑤作为英语教师，首先应该具备与时俱进的思想和终身学习的理念。这是由以下两方面决定的。

（1）英语教学是一个尚处在不断探索和发展之中的学科，知识结构、教学模式、教学方法、评价系统等英语教学的组成要素都处在不断的变化之中。我国的教育部门也多次进行英语课程改革，以探寻更为科学合理的英语教学模式。新的教学大纲与教学模式考验着我国英语教师的知识结构，只有具备扎实的知识基础，树立终身学习的理念，才能适应我国英语教学不断发展的现实。

（2）我国社会发展的实践也对英语人才的培养提出了更多的要求。要想真正培养出优秀的英语人才，就不能完全依靠传统的英语教学模式，社会的发展需要新时代的英语人才必须具备全面的英语素质，这就要求我们的英语教师在英语教学过程中探索更适应学生全面发展的教学模式，教授与时代联系更加紧密的英语知识，与时俱进，实现"教""学""用"三者之间的有机结合。

英语作为最重要的国际通用语言之一，本身就与时代的发展紧密相连。英语教学在我国作为二语言习得的过程，其教学模式与其他传统的学科之间也存在着较大的差别。而英语作为与其他国家沟通的工具语言，更使其具有鲜明的时代性。英语教师要想跟上时代发展和我国英语教学改革的脚步，就必须具有与时俱进的思想和终身学习的理念。

英语教师只有掌握了这些知识，才能对教学过程中的语言材料、语言现象进行合理、清晰的阐述与分析，才能回答学生在学习过程中遇到的各种语言问题，帮助学生理解英语并实现正确的应用。由此可见，英语教师是学生学习英语过程中的引介者和帮助者。

（二）英语语言技能的培训者

英语教师不仅是英语语言知识的引介者与阐释者，更是学生英语语言技能的培训者。从学生的角度来说，对语言知识的学习是掌握这一门语言的前提和基础，但语言技能的学习能发展自己的语言应用能力，实现自己学习英语的最终目标。

（三）英语课堂活动的组织者

在开展高校英语教学活动的过程中，课堂活动是不可缺少的教学形式。可以说，课堂活动是课堂教学的载体，开展科学合理的课堂活动有助于提高教学质量，激发学生学习英语的兴趣。如上文所述，英语是一门传授语言知识和技能的特殊学科，因而具有区别于其他学科的不同特征，如在课堂上英语教师需要对学生的英语语言技能进行培养和训练；而英语课堂活动正是一种有效地训练语言技能的方式。

（四）汉英文化差异的介绍者

高校英语教师还充当着汉英语言文化差异介绍者的角色。因为语言与文化之间有着密切的联系，语言是文化的载体和风向标，文化则为语言的发展提供了温床，二者相互影响，相互促进，缺一不可。

1.语言是文化的载体

文化的载体不止一种，包括语言、音像、实物、视频、文学、艺术、建筑等。文化与其载体之间是相互渗透、相互依存的关系。语言作为文化最重要也最常见的一种载体，对文化的产生、存在、发展和传播、传承都起到了重要作用。语言产生之后，才有了文化的产生和发展，没有语言的文化是不存在的。语言见证并记录了文化的演变，是研究民族文化发展的重要途径。通过研究语言，人们可以了解一个国家或民族意识形态的演变、思想观念的继承以及思维模式的运转。我们说语言是文化最重要的载体，有以下几点原因。

（1）语言能够体现语言创造者和语言使用者的知识水平和文化水平。人类习惯利用语言文字记载本民族的历史、经验和其他文化，并传给后代。

（2）语言能够体现语言使用者所处社会的生产力水平和生产关系、社会关系和阶级关系。

（3）语言能够体现语言使用者的生活方式和行为准则。

（4）语言是人类思维的载体。语言是人类自身的一个重要组成部分，它沉浸在人类的思维变化之中。

（5）语言能够体现语言使用者的思维模式和思维内容。

（6）语言能够体现语言使用者的情感模式和情感指向。

2. 语言是文化的风向标

语言是文化的风向标主要体现为语言在一定程度上引导着文化。不同的文化面对相同或不同的客观现实，会创造出不同的语言，语言可以引导人们去认识、去了解其他文化接触和改造外部世界的方式。人类的文化身份和使用的语言之间不是一一对应、固定不变的，但语言却能敏锐地捕捉到语言使用者与所处社会之间的关系。在同一时期不同社会群体之间，语言的表达和语言的质量是有差别的；在不同历史时期，语言的表达更是体现出不同的要求和状态。

例如，早期人类的语言肯定没有现代人的语言这么丰富、精彩、有逻辑、成系统；生活在偏远森林地区的土著人的语言，也没有生活在信息资源丰富的城市地区的现代人的语言那么深厚、有内涵。语言对于不同民族、不同文化之间的沟通和理解具有不可替代的作用，要想了解一种语言，就必须了解语言背后隐藏的文化。

3. 文化为语言的发展提供温床

文化是语言产生和发展的温床，没有文化，语言就不会存在，就失去了发展的条件。语言与文化一起体现了民族的思维方式、思想信念和行为准则。

随着时代的发展和社会的进步，人们的生产、生活方式跟以前相比都发生了巨大的变化，今天的世界是一个日新月异、充满变化的世界。与此相对应，服务于社会群体的语言也在发生着显而易见的变化。这种变化体现在语言的表达上，如有的人说话喜欢中英文混用：

他这个人真的很"nice"。

有的人因为没有完全掌握英语的思维习惯和使用方法，在与外国人交谈的过程中会使用中式英语：

The price is very suitable.

语言的变化不仅仅体现在表达方式上，也体现在各个领域因为新事物的产生而出现的新词汇，如微信、抖音、快手等手机软件。还有一些网络上流行的表达方式，有些是将原来的一些表达缩写创造出新的词语，有些是组合几个词语的含义创造出新的词语，如不明觉厉、喜大普奔。

　　因此，在高校英语教学的过程中，教师除了要教授英语语言知识与技能外，还要教授相关文化背景知识，不仅要讲解本土文化知识，也要介绍西方民族的文化知识，包括两种文化之间的异同。汉英语言文化之间的差异不仅体现在社会制度、风俗习惯、思维方式以及宗教信仰等方面，也体现在语言的词汇、语法、篇章、结构、文体中。英语教师要做到了解汉英语言文化各自的特点及其差异性，就需要阅读大量的相关资料，积累一定程度的文化素材，这样才能在举例说明文化知识时做到信手拈来，才有助于学生认知和理解汉英语言文化。

（五）英语语言教学的研究者

　　英语教师除了要承担语言教学的任务之外，还要承担学科研究者的任务。英语教师要在掌握一定语言学理论和教育学理论的基础上，根据自己的教学实践积累起来的教学经验，构建自己的教学理念，并运用这一理念指导实践活动，提高教学水平。与此同时，英语教师在日常的教学实践过程中，还需要进行教学理论的研究，将理论研究与实践活动相结合，实现从理论到实践的转变和理论的升华。

二、互联网时代英语教师的特殊角色

　　在互联网时代，高校英语教师的职责并没有削弱，他们反而面临着更加艰巨的挑战，因为全新的教学模式对高校英语教师的能力提出了更高的要求，他们必须与时俱进，接触最先进的教学理念，学习最先进的教学模式和教学方法，改变传统的教学理念和教学模式，逐步适应教育改革和发展的需求。在定位上，英语教师除了要具备上述角色功能外，还要承担以下五种特殊角色，如图7-3所示。

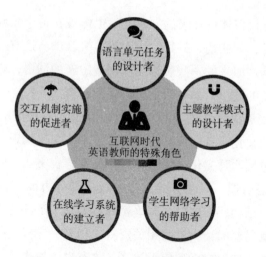

图 7-3　互联网时代英语教师的特殊角色

（一）语言单元任务的设计者

英语教学单元的主题目标通常需要设计相关的单元任务，然后由教师引导学生通过对真实任务的研究和探索达到拓宽语言知识面和提高语言应用能力的目的。因此，语言单元的训练任务是进行英语学习的一项重要项目。结合当前的时代背景，英语教师需要在网络上设计一些能提升学生英语语言技能的任务，让学生在规定的时间和条件内完成任务，然后在系统上查看任务的完成度并给予适当的评价。学生一般都十分乐意通过这种方式锻炼自己的语言技能，因为这减少了他们面对教师时的压迫感和紧张感。

（二）主题教学模式的设计者

在互联网技术迅速发展的时代背景下，高校英语教学要求教师改革和创新教学方法与教学模式，既要发挥互联网和多媒体的优势，又要提升实际的教学效果。高校英语教师在设计主题教学模式时应注意选择学生感兴趣的热点话题，如校园生活、日常生活、学习压力、就业问题、学业偶像、难忘的人或事、旅游经验、购物经历等。一般一堂课的主题教学模式只围绕一个主题进行，教师可安排学生分组进行讨论，然后以主题写作或汇报形式展现讨论的成果。

教师要引导学生正确使用互联网寻找教学模式中的相关主题资料，包括其设计的文化背景知识和发展动态，然后由学生进行整理和归纳，并得出学生自己的认识，再与其他学生展开讨论，这样就可以帮助学生挣脱课本教材的束缚，拓展学生的知识面。

（三）学生网络学习的帮助者

在互联网时代，高校英语教学的一个重要特色就是可以通过网络监控教学行为和学习行为。其中，通过网络监控学习，有助于跟进学生的学习状态和学习进程，发现学生在学习中遇到的问题。高校英语教师作为学生进行网络学习的帮助者，通过查询学生对相关问题的浏览了解学生关注的学习内容，帮助他们解决学习中的困难，提高他们的学习效率。

但是，由于每个学生的学习情况不同，他们关注的问题也会有所差异，此时英语教师就要善于发现这些差异性，并给予针对性的指导和帮助，以促进学生不同层次的提升和进步。由此可见，在互联网时代背景下，高校英语教师对学生网络学习的指导和帮助更具人性化，避免了学生出现畏惧心理，使学生能快速解决学习问题，提升英语水平。

（四）在线学习系统的建立者

互联网技术和多媒体技术为高校学生的英语学习提供了便利的条件，而指导学生的在线学习，解决学生学习中遇到的问题则是高校英语教师的主要责任。但以上学习行为和教学行为的实施首先需要一个完善的在线学习系统作为支撑。这一系统的应用者既包括教师又包括学生。学生首先需要在系统上注册自己的信息，然后按照班级归属情况向教师提出加入系统的申请。教师在教师端进行审核，确认无误后允许学生加入系统。

根据导航指示，学生可以对英语学习资料进行下载使用。例如，在线学习系统包含"单元测试"和"家庭作业"等子项目，学生可以选择在"单元测试"中进行训练和测试，然后在"家庭作业"栏目提交自己的作业。在这之后，学生可以通过即时通信、班级论坛或邮箱形式与教师和其他同学展开讨论，发现自己的问题，改进自己的作业。

（五）交互机制实施的促进者

实践证明，只依靠单纯的语言输入并不能保证学生语言的习得，参加适当的交互活动才是习得语言的关键。交互活动主要有两种形式：一种是意义协商，另一种是语言输出。网络和多媒体技术为高校英语学习中交互活动的开展提供了很多便利。作为交互机制实施的促进者，英语教师有责任组织和鼓励学生参与到主题单元的交互活动中来，借此培养他们的意义协商和语言输出能力。

第二节　高校英语教师的素质要求

互联网时代网络信息技术和多媒体技术引入高校英语教学的做法引发了高校英语教学的改革与创新，其中以学生为教学活动中心的理念在互联网环境下得到了加强。网络信息技术和多媒体技术为教师引导学生开展自主学习、个性化学习提供了十分有利的条件和环境。互联网时代背景下的高校英语教学对英语教师应具备的素质也提出了更高的要求，如图 7-4 所示。

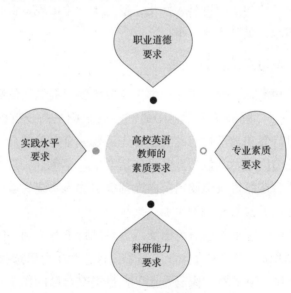

图 7-4　高校英语教师的素质要求

一、职业道德要求

教师的职业道德是作为一名教师基本的行为操守和道德品行，是教师在教学过程中调控与国家、与社会、与学生之间关系应该遵循的道德意识、道德规范和道德情操的综合。无论教学理念、教学模式和教学方法如何改变，对教师的道德要求是不会变的。

强烈的职业道德会促使教师不断提高自身英语水平和授课技巧。尽可能创造使学生学习机会最大化的条件。课外，教师也会努力扩大自己的知识面，寻找各种形式的补充材料，以弥补教材的不足，激发学生的兴趣。教师会因课堂的不足和对自身的不满，不断地反思实践，积极寻找解决办法。因此，教师对职业的热爱、对学生的关心和尊重、对工作认真负责的态度，都是教师持续进步和发展的原动力。当教师把所从事的教育作为自己生命的重要组成部分，当外语教师完全驾驭了推动其发展的外部积极因素，摆脱了消极因素的束缚，外语教育和教学就不再仅仅是职责，而是一种享受和快乐。因此，教师只有具备正确的职业观和职业道德，才会全身心投入教学，努力提高教学水平，积极地针对教学过程中的问题和困扰自主寻找答案，做到使学生满意，使自己问心无愧。

而英语教学本身也是一个值得为之努力的事业，英语是一种丰富、优美的语言，有着令人陶醉的魅力。而且，英语还承载着久远的文化、伟大的文学传统、西方文明的主流，它不仅值得学，而且值得教。正如作家王蒙先生所说的："多学一种语言，不仅是多打开一扇窗子，多一种获取知识的桥梁，而且是多一个世界、多一个头脑、多一重生命。"教师应该喜欢自己的学生，因为学生的成长体现着教师的价值，是教师生命的无限延伸。在日常的教学中，尽管学生也有让老师烦心的时候，但是他们的点滴进步都是对老师最好的回报。教师还要热爱自己的每一个学生，对学生要一视同仁。一个班级的学生来自不同的家庭，每个家庭都有自己独特的情况。每个学生也有自己的个性特点，教师要平等地对待每个学生；不偏袒自己特别喜欢的学生，也不歧视自己不喜欢的学生，要对学生充满爱心，以求得融洽和谐的师生关系。

教师的职业道德体系中，除了对于岗位和学生的热爱，还应该树立正确的专业认同感和专业发展意识。专业认同有助于教师明确自身的定位，以专业身份的标准来自我要求、自我管理、自我约束和自我规划。教师一旦树立了专业发展的意识和专业的认同感，就会把自己看作专业发展的主体，不断谋求自身发展的动力和途径。他不会满足于现有的知识储备和教学水平，更不会安于现状、墨守成规、故步自封，而会以发展的眼光审视变化的教学环境、教学目标、教学对象和教学内容，在实践中不断更新理念，提升教学和科研水平，把高校英语教学和研究当作实现个人理想的终身事业来完成。相反，如果教师缺乏对职业的专业认同感，就会迷失职业生涯的目标，缺乏发展的动力，投入工作的热情明显不足。

在职业道德的意志方面，教师要具有克服教学困难的勇气和决心。高校学生在学习英语的过程中会出现各种各样的问题，许多问题是无法从书本中找到答案的；高校英语教师在教学过程中也会遇到各种各样的困难，其中有些困难是可以预料的，有些是意料之外的，这就需要教师培养自己良好的意志，不断地在教学实践中探索解决问题的方法。英语学习是一个漫长的过程，世界上没有一种所谓的速成秘方能够使学生迅速地学会英语。这需要学生有恒心，也需要教师具有持之以恒的意志。这种持之以恒的意志还表现在教师自身的提高方面。一个优秀的教师需要在教学实践的过程中不断地发现问题，解决问题；不断地通过学习，研究提高自己的教学水平。每个教师都是生活在这个社会中的人，每个人在生活中都有自己烦恼的时候，教师要善于控制自己的情绪，不要把不良的情绪带到课堂中。

在互联网时代背景下，对教师的职业道德要求则主要体现在以下三个方面：

首先，在互联网背景下开展的教学活动中，教师与学生之间的沟通与交流不再限定为面对面交流，而更多的是人与机器的交流。这种新的交流模式必然会给人们带来一些疑问和困难，这就要求英语教师应该具备过硬的品德修养，以更强烈的耐心和责任心去关注学生的学习和成长，帮助学生解决学习问题。

其次，在互联网时代背景下，高校学生受虚拟环境的影响接收着来自各个渠道、各种媒体的海量信息，这些信息鱼龙混杂，有好有坏，因此这些信息对高校学生的心理成长也是一种冲击和考验。与此同时，高校学生具有个性化、多样化的特点，因此他们更加注重对事物的体验，对平等观念、个性发展有很强的认同感，这种认同感的敏感程度会引发一些学生的成长问题。因此，高校英语教师还应帮助学生培养自己的品德，通过与学生展开沟通了解学生的兴趣爱好和心理动向；也可以给学生推荐一些英文课外读物，帮助学生更好地融入集体中去。

最后，教师还可以利用互联网给学生推荐一些有价值的电子书和视频文件，帮助学生树立积极向上的心态。教师与学生可以利用微信群、QQ群、钉钉群等形式参与互动交流，及时了解学生遇到的问题，帮助学生解决问题，防止各类不良事件的发生。

二、专业素质要求

（一）专业的知识储备

互联网时代背景下高校英语教师需要具备专业的知识水平，也就是扎实的语言基本功。所谓语言基本功，是指英语教师能够掌握和驾驭英语语言知识和相关应用技能，能熟练地运用英语这一门语言进行授课，这是身为一名高校英语教师最基本的素质要求。

在互联网时代背景下，高校英语教师最重要的业务素质是具有较强的英语表达能力和写作能力。这主要是因为，在网络环境中，高校英语教师需要运用英语语言文字和口语进行教学和交流，英语教师只有思维逻辑顺畅、表述问题清晰，才能与学生进行良好的沟通。与此同时，英语教师还要引导学生培养自己的批判性思维、掌握不同文化之间的异同，对外来文化有选择性地进行吸收，进而丰富学生的知识储备，提高学生的人文素养。

除了要具备基本的英语语言知识外，高校英语教师还需要通过不断的学习与积累，掌握除英语语言之外的知识。这主要是因为在互联网背景下，学生所提出的问题具有开放性，既不能预测，也无法设定结果。也就是说，在非英语专业领域，教师与学生的起点是一致的，如果教师没有足够多的知识储备，那么就很难与学生继续讨论相关话题，也无法在学生面前树立教师的形象。

（二）先进的教育理念

1.教育理念概述

（1）教育理念观：理论取向的教育理念和价值取向的教育理念。

第一，理论取向的教育理念。理论取向的教育理念一般指的是教学实践者将某一教学理论或学习理论运用于具体的教学实践中。例如，交际语言教学就是以语言理论为基础的一个实例。在其影响下，其他一些交际框架下的交际语言教学也逐渐产生，如任务型教学法、合作学习法、内容教学法。

由我国英语教学的发展历程可以看出，我国英语教学是随着世界各国语言教学的发展而不断发展的，语法翻译法、听说法、交际法等都是由教学领域的权威根据国外研究倡导的教学法而照搬到我国中学英语教学中而成为语言教学法。每倡导一种新的教学法，都由当地师范院校的教师或教研室或有经验的教师对当地的英语教师进行这一教学法的培训，对与该教学法的相关知识进行介绍，要求教师将特定的教学法运用于自己的课堂教学中。

但是，随着时代的进步，人们的教学观念发生了改变，一味地照搬他人的教学方法受到很多专家和学生的批判。人们开始灵活、有选择地运用教学方法。随着教学理念的变化，教师教育理念也有所改变，一些与教师教育术语相关的改变，如"教师培训""教师教育""教师发展"等，就是不同的教师教育理念与教师教育重心转变的体现。

第二，价值取向的教育理念。随着国内外教育形势的不断发展，人们的教育理念、教学目标、教学模式也发生了变化。广大英语教育工作者与教师开始接受新的教学理念。以学生为中心，着眼于学生的思想、情感、认知、需求、个性、发展、策略等，是新的教学理念的体现。

我国对教师、学生、教学以及教育在社会中应有的作用的评价导致了价值取向的教学观念的形成。现在流行的语言课程文献、校本课程发展、行动研究等都属于价值取向的教育体系。一些价值取向的语言教学方法还包括人文教学法、学生中心教学、教师分队教学制等。

教师分队教学制是基于教师和同行合作才会取得最佳效果的观点之上的，在教学的各个阶段，同事之间的互动和合作对教师和学生都大有裨益。人文教学法则强调价值观的发展、自我意识的提高、对他人的理解、对他人的情感的敏感性、学生积极参与学习活动的方式等。群体学习法就是人文教学法的一个例子。

以学生为中心的教学理念建立在学生应该自我控制、有责任自己做出决定的信念之上，学习者的需要不同，学习兴趣不同，学习方法也不同。语言教学计划和实施教学计划的教师应该向学生提供有效的学习策略，帮助学生找到适合自己的学习方式、发展完成课程任务所需要的技巧，鼓励学生树立自己的学习目标，使学生形成评价的技巧。

（2）教育技艺观。技艺观将教学视为一种艺术。教学艺术的魅力在于教师个人性格的感召力、价值观的感染力、敏捷思维的影响力、创新意识的催化力。

一位优秀的教师应该具备三个方面的意识，即现代意识、改革意识和创新意识。受改革创新意识的促使，教师会不断研究课程的时代性、实用性和独特性；能依据教材、超越教材、活用教材、发展教材；对教学形势的需要以及未来可能发生的事情进行评价，从而创造、运用符合自身教学实际的教学策略。

技艺观要求教师根据特定的教学形势和教学环境发展出适合自己的教学方法，逐渐形成具有个性化的教学技巧。对于教学来说，教要有法，但教无定法，贵在得法。没有哪一种教学法能够适合所有的教学环境、教学形式、教学对象，在教学过程中教师应该根据自己的教学环境、教学对象、教学目标形成自己的教学模式，选择自己认为是最好的或是最有效的方法。

　　持有技艺观的教师，教学决策是教师应具有的最基本的能力和进行教学活动的关键的一步，因为一位好的教师善于分析自己的教学形势，了解在特定的教学环境中可选择的范围，然后选择适合自己教学情境的最有效方法。这就要求教师不仅能够利用专业知识和职业技能，同时还要运用自己所具有的独特的智慧和计谋去达到教学目标。这并不是说教师掌握或运用不同的教学方法没有任何价值，而是说单纯地固守一种教学方法会阻碍教师个人潜力的发展。

　　2.互联网时代的英语教育理念

　　互联网时代背景下的英语教育理念重新定义了外语习得的概念。外语习得就是学生在一定的社会文化背景下，通过外界的帮助或自主学习的方式，以意义建构的模式来获取外语语言能力的学习方式。这一新颖的教学理念要求高校英语教学活动的开展要以学生为中心，教师为主导，教师的责任就是指导学生，参与学生的互动。教师和学生都是教学活动的主体，只不过他们的分工不同，教师主要负责教，学生主要负责学，这种课堂教学理念不仅没有忽视教师的引导作用，反而强调了教师的监督和管理作用。

　　（三）开放的思维方式

　　在思维科学中，创造性思维是最高的思维形式，也是最有价值的思维形式。所谓创造性思维，就是用新想法、新技术和新方式来解决问题和处理问题。创造性思维一般具有以下四个方面的基本特征：

　　（1）独特性。即能够打破常规，从独特的角度来发现问题与解决问题。

　　（2）多向性。即包含发散性思维与聚合性思维。

　　（3）综合性。通过综合和分析归纳，抓住事物的主要矛盾和矛盾的主要方面。

　　（4）发展性。对事物的发展应该具有预见性，进而推测事物发展的趋势。

　　在互联网时代背景下，高校英语教师应充分利用网络提供的资源进行教育创新和教育科研。其中：

（1）独特性思维要求英语教师通过搜集和整理与教学相关的中英文资源设计出独特的、具有创新性的教学模式和教学方法。

（2）多向性思维要求英语教师具备将网络信息资源归纳、分析的能力，进而优化自己的教学过程。

（3）综合性思维要求英语教师能够将英语专业学科与信息技术、多媒体技术进行整合，从而发挥这些技术在教学中的最大优势。

（4）发展性思维则要求教师的眼光具有前瞻性，能根据信息技术发展的方向预测未来教学工作发展的趋势。

三、科研能力要求

（一）科研观

根据科研观可以看出，语言教学是一种具有科学性的特殊活动。语言教学既需要专业知识，还需要专门的技术、特定的技艺以及跨学科的相关知识，这些技术或技艺往往是经过科学研究而产生的结果。

1. 可操作性的学习原则

所谓可操作性的学习原则，指的是从学习心理学的研究成果，特别是从那些学习过程中的相关因素（记忆、迁移、动机等）的研究中所提炼出来的教学原则。

在语言教学过程中，对学习者的语言培训意味着将有关研究运用于教学中，如听说法、任务型语言教学、交际语言教学。此外，直接法、认知法、自然法、交际教学法均属于这一范畴。

2. 以成功语言教师为范例

以成功语言教师为范例首先要做的是确定哪些教师的课堂教学模式可以作为模仿的范例。可模仿的范例确定后，英语教师通过课堂教学观察和访谈来研究他们的课堂教学实践，由教研员、教学监管人员、专业人员、一线教师共同观察一组被认为是教学典型的语言教师的课，应重点观察以下几个方面。

第一，如何组织课堂教学。

第二，如何传授语言知识，如何培养学生的语言能力。

第三，如何组织教学活动和学习活动。

第四，如何使学生更好地完成任务。

在上述步骤的基础上，对这些教师进行访谈，从而界定他们的教学理念和教学目标以及执行教学任务的要求等。然后，再观察他们的实际教学过程，观摩后组织讨论，使大家更清楚地了解这些模范教师的教学模式。在观察—访谈—观摩—讨论后，教师可照着模式进行课堂教学。

3.仿效被教学实践证明有效的教学模式

仿效被教学实践证明有效的教学模式是指将教学实证或实验研究的结果运用于课堂教学实践之中。根据这种教学模式，成功的语言教学是一种特殊的教学行为，是基于前人的研究，经过逻辑推理而得来的。

（二）科研素质

英语教学中的科研就是找出影响英语学习成绩的那些变量（如教材、教法、教师，学习者的年龄、性别、智力、性格等）以及这些变量与学习成绩之间的相互关系。总体而言，外语教学中的科研对象包括三个层次，第一个高层次是本体论，也就是哲学层面上的问题。在这个层次上有两个核心的问题：一是语言的本质，也就是说语言作为一种人类所持有的现象，它区别于动物的交际方式的本质特征是什么；二是语言学习的过程，也就是语言学习理论，这一问题又可以分为两个方面：学习第二语言的心理过程、学习者的个体特征差异。研究者就上述两个方面的问题进行了大量的研究，并取得了丰硕的成果。本体论层次上的这两个问题最为重要，对这两个问题的回答决定了如何回答其他的问题。外语教学科研研究对象的第二个层次是实践论层次，主要研究教学如何实施，包括大纲的制定，教材的编写，各种语言技能的培养、测量和评估等。第三个层次是方法论层次，研究具体的教学方法和手段。

一名优秀的英语教师不仅是教学的实践者，还应该是英语教学与学习规律的研究者。如上文所述，中国拥有世界上为数最多的把英语作为外语来学习的学习者，有着世界上最为庞大的英语教学与研究队伍。在我们中国的历史上也从来没有像今天这样重视英语的学习。但是，令人遗憾的是，在英语教学理论的探索上还没有形成与庞大的学习群体规模相匹配的研究成果。长期以来，中国的英语教学在很大程度上仍然是照搬国外的英语教学理论和教学方法，然而这些理论与方法并非一定适合中国的英语教学。中国的英语教学具有自己独特的语言文化背景，中国的学习者具有自己独特的生理与心理特点，这些都决定了我们在充分借鉴国外的教学理论与方法的同时，要充分考虑中国的特色，通过融合与创新，努力探索具有中国特色的英语教学之路。在这一探索的过程中，英语教师的科研素质将起着决定性的作用。目前，许多教师的科研素质都比较低下，认为科研是一件让他们感到头疼的事情，这就需要他们通过自己不断的努力来提高自己的科研素质。

（三）科研能力

在互联网时代背景下，高校英语教师需要具备非凡的科研能力，首先要求教师具备基本的研究方法，如教学实验法、问卷调查法、访谈法、文献法、个案研究法等。在具体的实施中，教师可以从自己的需要出发，选择与自己相符合的研究方法。另外，大学英语教师还需要具备信息加工、网络搜索、信息反馈等科研能力。科研能力是大学英语教师必须具备的能力。科学研究可以促进教学的开展，教学的开展又能带动科研的进步，在教学中发现问题，在研究中解决问题，可以有效地提高教师的综合素质能力。

（1）高校英语教师需要具备一定的科研开发能力和对英语教学的研究能力。英语教师要具备主持科研项目、追踪专业学科发展方向的能力，应该能利用自身的科研知识和科研素质解决在教学活动中遇到的实际问题，进而提高教学质量，促进教学发展。通过参加科研项目，提高自己的学术水平和科研能力，促进产学研三者的有机结合。

（2）高校英语教师还要具备通过参与科研提升教学水平的能力。英语教师要通过参与科学研究不断丰富、加深和更新自己的知识储备，从而丰富和充实教学内容，提高教学能力。英语教师还要用自己的科研思想和科研精神给学生带来积极的影响，通过在教学中提出新课题，邀请学生参与课题讨论与实验，激发学生强烈的求知欲与创造欲，促进学生科研能力的提高和创造性思维的培养。

四、实践水平要求

（一）教学实践能力

任何一门专业都对从业人员有基本的能力要求，这些能力就是该专业的基础性能力。英语教师作为承担英语教学任务的专业人员，从其所面向的对象、工作的场所和内容，以及追求的目标等方面来看，至少应该具备四个方面的基础性能力，如图7-5所示。

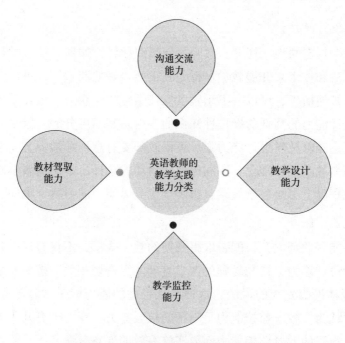

图7-5 英语教师的教学实践能力分类

1. 沟通交流能力

现代教育教学理论已经不再把教学看成知识输出和接受的过程，而是师生之间交流和对话的过程。所以，国内有学者提出"教育即交流"的命题，认为教育的过程实质上就是师生沟通的过程。在日常教学中，同一堂课，相同的教学内容，面对相同的学生，有的教师把握起来得心应手，有的教师的课堂却死气沉沉，其主要原因是教师沟通能力存在差异，无效或低效的沟通直接影响了教师的教学效能。因此，良好的沟通能力对于教师来说是最基础的能力。

英语教学尤其需要沟通和交流。学生英语能力的习得往往需要师生之间的充分互动。互动的过程其实就是沟通交际的过程。如果教师缺乏此方面的能力或此方面的能力不强，教学效果的不理想是可想而知的。教师要实现有效的沟通和交流，必须从心底树立以学生可持续发展为本的思想，在教学中充分发扬民主，公平地对待每一位学生，耐心倾听每一位学生的心声，同时要注意沟通时的语言技巧，让学生乐于沟通，乐于参与课堂学习，进而热爱英语老师，热爱英语学习。充分有效沟通和交流的教学才是有效的教学，具有有效沟通和交流能力的教师才是真正胜任教学的专业教师。

2.教学设计能力

面对一个特定的教学任务,教师如何组织教材,如何设计教学程序,采用何种教学方法和技术来开展教学显得尤其重要。好的课堂设计可以使课堂教学跌宕起伏、妙趣横生,可以一下子紧紧抓住学生的注意力,激发学生求知的欲望。教学设计能力的高低与操作性知识的多少是密不可分的。但是,操作性知识丰富并不意味着教学设计能力强。英语教师要有意识地加强有关教学设计的研讨,不同的教学设计理念、不同的教学活动的选择、不同的教学媒体的运用都会在很大程度上影响教学效果,影响学生英语能力的习得、巩固和提升。

3.教学监控能力

一堂课能否顺利展开,能否取得预期的教学效果,不仅有赖于教师的沟通能力和教学设计能力,还与教师的课堂管理能力密切相关,按照北京师范大学心理学教授林崇德先生的说法,这种课堂管理的能力就是"教学监控能力"。林崇德先生认为,教学监控能力是教师的核心能力。在一个有几十名学生的教学班,没有很强的课堂监控能力而要实施有效的课堂教学几乎是不可能的。如何有效地推进各种教学活动,如何确保各类学生在学习过程中都在各自的起点上获得应有的进步,如何确保小组合作学习有效实施,等等,都需要英语教师有很强的能力去掌控。这种教学监控能力其实是一种综合能力的体现,它没有明确的章法可以遵循,运用之妙,存乎一心,但是要做到随机应变、游刃有余确非易事。

4.教材驾驭能力

教材是教师教学最重要的辅助工具,在英语实践教学的过程中,教材是关键的组成部分。教材直接体现着教学内容,影响着教学方法。当提到教材时,人们往往会首先想到教科书,但随着教学理念的不断发展,教材的含义已经不再局限于教科书。教材的定义有广义与狭义之分,狭义的教材往往指的是教科书,而广义的教材泛指在英语教学实践中比较适合学生使用的所有教学材料,包括教科书以及各种教学辅助书籍和材料。

英语教师的教学内容、教学方法和教学思维既源于教材,又超越教材,教师以教材为基础向学生传授英语的语言知识和语言技能。因此,优秀的英语教师必须拥有熟练的教材驾驭能力,能充分利用教材辅助英语教学,而不是将教学模式局限在教材的框架之内。教师对于教材的把控和驾驭能力主要体现在教材的选择和教材的使用两个方面。

英语教学需要大量的语言材料辅助，除了根据教学大纲和教学安排对主教材的选择提供科学的建议之外，英语教师还需要根据实际教学需要和学生的学习特点选择辅助教材，这需要教师具有基本的教材评价能力。

（1）教材的评价能力。教材的评价一般包括六个方面的内容，如图 7-6 所示。

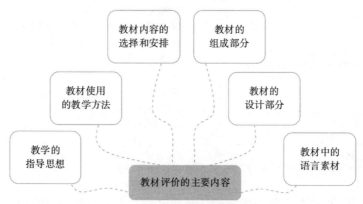

图 7-6 教材评价的内容

第一，教学的指导思想。教学指导思想包括对语言、语言学习和语言教学的认识，评价教材首先要评价教材所体现的教学指导思想，要看它是否与语言学及其相关学科的最新研究成果相吻合，从而能够从宏观上把握教材的方向。

第二，教材使用的教学方法。教学指导思想从宏观上指导教材的编写思路，而教学方法则是教材在内容选择、内容安排和教学活动设计等方面的具体依据和参照。因此，教材编写要体现先进的教学方法。

第三，教材内容的选择和安排。教学方法决定怎么教和怎么学，教学内容则决定教什么和学什么。英语教学的目标在于发展学生综合运用语言的能力，因此教材内容的选择和安排也应该以此为基准。

第四，教材的组成部分。一套完整的教材应该是由学生用书、教师用书、练习册、卡片、挂图、录音带、录像带和多媒体光盘等组成的立体化教材。而且这些组成部分能够构成一个有机的整体，各有特色、各有侧重。

第五，教材的设计部分。教材的设计是指教材的媒介形式、篇幅长短、版面安排、开本大小、图文形式和色彩等。

第六，教材中的语言素材。语言教学的目的在于使学习者能够使用所学的语言进行交际。因此，学习者学习的语言也应该是实际交际中使用的语言，教材选择或编写的语言素材必须和现实中使用的语言基本一致，必须是真实、地道的。

（2）在教材的使用能力方面，《英语课程标准》（实验稿）专门对此提出了具体的要求，如图7-7所示。

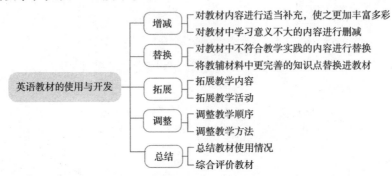

图 7-7　英语教材的使用与开发

第一，对教材内容进行适当的补充和删减。在教材使用过程中，教师可以根据需要对教材内容进行适当的补充，以使教材的内容更加符合学生的需要和贴近学生的实际生活。在对教材进行适当补充时，教师还可以根据实际情况对教材的内容进行适当的取舍。

第二，替换教学内容和活动。在教学过程中，教师可以根据实际教学需要，对教材中不太合适的内容或活动进行替换。例如，教师如果认为某个单元的阅读篇章内容适用，但阅读理解练习题设计得不合理或不适合自己的学生，就可以用自己设计的练习题替换原有的练习题。

第三，拓展教学内容或活动步骤。在某些教材中，教学活动的难度过高或过低的现象时有发生。如果教师认为某个活动太难，就可以扩展活动的步骤，增加几个准备性或提示性的步骤，从而降低活动难度。如果活动太容易，教师可以对原有的活动进行延伸。

第四，调整教学顺序。根据学生的实际情况对教材内容的顺序进行适当的调整有利于提高教学效果。例如，现实生活中发生了某件重要事情，教材中有一个内容相关的单元，如果在延续性和难度等方面没有太大的问题，就可以提前学习这个单元。

第五，调整教学方法。由于客观条件的差异、学生现有水平的差异以及具体教学实际情况的差异，有时教材推荐或建议的教学方法不一定适合实际教学。在这种情况下教师要注意调整教学方法。

第六，总结教材使用情况。教材使用一段时间以后，应该及时对使用情况进行总结分析。

（二）发展性教学能力

随着时代的不断变化与发展，英语教学的教学理念、教学模式、教学方法、教学体系也都处在不断的变化之中。相应的，教师的知识和能力需要随着时代的发展和变化而不断更新，需要具备与时俱进的发展性教学能力，教师发展性教学能力的内容如图7-8所示。

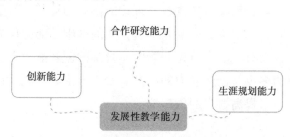

图7-8 英语教师的发展性教学能力

1.合作研究能力

教学专业与其他专业最大的区别在于工作对象的不同：教师所面对的不是静止的物体，而是一个个具有主体思维的鲜活的生命，教学的复杂性、艺术性和创造性皆由此而生。看似常规的教学活动几乎没有一点是重复的，教师不断被置于新的教学情境中，不得不面对许多新问题。而这些问题都具有个体性、偶然性和情境性。需要教师自己去反思，去寻根究源，找到解决问题的办法。所以，研究应该是教师工作的一种常态。

当然，教师的研究不应是一个人的孤军奋战和苦思冥想，它需要与同事的沟通和合作。教学工作的特殊性与复杂性，决定了教师仅仅依靠个体反思难以实现真正意义上的专业发展，教师需要与同事一起合作，共同发现问题和解决问题。因而，合作应该是教师研究的主要方式。

实践表明，教师的合作研究能力会在教学中深深影响学生的合作探究能力。这一点在英语课堂教学中表现得更为明显。有合作研究习惯的教师自然会把这种习惯迁移到自己的课堂教学中去，从而使自己的课堂教学更具亲和力和实际效果。坚持下去，教师的习惯也会变成学生的习惯，达到潜移默化的目的。

2.创新能力

创新是教学的灵魂，也是教学的最高境界。教师的创新能力是区别"经验型教师"与专家型教师的根本标志。所谓创新能力，是指教师能否根据教学内容、情境和对象的变化，创造性地运用教学理论和教学方法以达到教育目标的能力。创新既遵守基本的教育规律，而又不被条条框框所束缚，使教学过程的空间得到拓展并富有弹性，充分体现教师的教学机制。

创新能力的培养不仅有赖于教师教育教学观念的更新，更有赖于教师个体实践经验的积累，以及教师对教育教学理论的辩证理解和对教学方法及手段的灵活运用。创新能力的形成，需要教师有扎实的基础性能力作为支撑。脱离基础性能力的培养，没有发展的意识和能力，教师的创新能力也就无从谈起。教师个体实践知识的多少与创新能力的高低有着十分密切的关系；教师要不断丰富个体实践知识，以提高自身的创新能力。

3.生涯规划能力

当今世界，知识日新月异，学校所面临的教育环境和社会环境正变得日益复杂，教学专业所面临的挑战也日益严峻。"做一天和尚撞一天钟"的教师已经不能适应教育发展和社会发展的需要，教师必须时时刻刻思考怎样才能做一个胜任工作的好教师。

教师要根据时代发展，树立明确的、切实可行的专业发展目标，并根据自身所处的内外教学环境的变化，确定并不断调整专业发展的内容和途径。只有对自己的职业生涯进行清晰的规划，才能明确人生和职业的发展方向，才能清楚地认识到自身的价值，抓住机遇，增强自身的职业竞争力和使命感。每位英语教师在工作伊始，就应该树立自己的职业理想，做好自己的职业规划，确立自己各个发展阶段专业能力的提升目标，并有效地激励自己一步一步地走向成功。有了明确的目标指引和踏踏实实的行动，成为英语教学名师的理想就不难实现了。

（三）信息素养

信息素养的概念是20世纪70年代由美国信息产业协会的主席保罗·泽考斯基提出的。大学教师如果具有较高的信息素养，就能认识到完整与精确的信息是扮演好合理角色的基础；就能够确定对信息的需求，并通过对信息的分析提出问题；就能够确定哪些信息源是潜在的，从而根据这些信息源制定成功的检索方式；就能够具有获取、组织、使用、评价信息的能力。因此，大学英语教师需要养成信息化教学的习惯，以促进自己知识结构的多样化发展。

在互联网时代背景下，高校英语教师提升教学水平的关键方法在于掌握现代信息技术和多媒体技术以及具备较高的信息素养。具体分析，高校英语教师需要做到以下四点：

（1）具备良好的信息，能够从来源广泛、种类繁多的信息资源库中找到可用于教学活动的、有用的信息，从而掌握英语这一专业学科的发展动向。与此同时，英语教师还应该通过细心观察抓住学生的信息，从而把握他们学习的状态和心理变化，为学生的健康发展、全面发展奠定基础。

（2）具备较强的信息获取和存储、信息加工和筛选、信息更新和创造的能力，这是英语教师具备较强信息素养的核心。

（3）具备较强的信息运用能力，能利用掌握的信息从事英语方面的研究与实践工作，能实现顺畅的跨文化交际。

（4）具备了解最新动态、及时捕捉前沿信息的能力。

第三节 高校英语教师素质提升的方法

高校英语教师素质提升的方法如图 7-9 所示。

图 7-9 高校英语教师素质提升的方法

183

一、发挥教育叙事的促进作用

（一）叙事与教育叙事

1.叙事与叙事研究

（1）叙事的含义。叙事，作为名词时具有"叙事、故事、叙事体"的含义，即关于故事过程的记录或是一种文体。作为形容词时有"叙述的、叙事体的"含义。在《现代汉语词典》中，"叙事"指"叙述事情（指书面的）"，如叙事文、叙事诗、叙事曲；"叙述"指"把事情的前后经过记录下来或说出来"，如叙述了事故发生的过程；"叙说"指"叙述（多指口头的）"，如把事情的经过再叙说了一遍。根据上述词典中查到的有关叙事的字面意义进行归纳：叙事，即人们讲述自己的经历和故事，是人类用来表达自己情感和感受的方式。

叙事的对象是经历和故事，其侧重于对过程的描述，是叙述者将一系列的事件信息（包括起因、人物、过程、结果等）经过提炼与组合，组成一个有意义的陈述内容，并传达给他人的过程。叙事是有目的性的，通过生动立体的叙述，可以将复杂抽象的内容简单化，更便于引起人们的共鸣，呈现故事过程，让人们理解其内容，并深挖其中蕴含的道理❶。

伴随着人们认识和理解世界的欲望不断加强以及知识研究分类的不断细化，叙事学应运而生。叙事学于20世纪诞生于启蒙运动的故乡——法国，叙事学的研究重点是文本的结构。

随着叙事学的不断发展以及学界关于叙事的研究的不断深入，人们对于叙事这一概念也有了更加深入的认识，叙事的作用不仅仅是将故事与经历进行传播，还可以通过人类的思考与分析，将之内化为经验与知识。

（2）叙事研究。伴随着叙事学知识体系的不断完善，叙事研究作为研究手段与方式，得到了越来越多的关注。叙事简单来说是对经历以及故事的讲述，那么叙事研究则是对于运用、分析叙事资料的研究。叙事研究关注的是具体的人与事，通过描述事件的过程与人物的行为，带人们走进历史现场，而不是停留在理论的表层。

叙事研究蕴含着丰富的价值，主要表现在以下几个方面。

第一，叙事来源于生活，而生活经历本身就有着鲜明的故事性特征，因此叙事反映了人们对与自己生活事件相关的认知结构，是人类体验生活与世界的

---

❶ 吴伟强：《基于问题的视角 教师如何做课题研究》，宁波，宁波出版社，2020：144-146。

主要方式。

第二，叙事诉诸经验，而经验的基本形式就是故事。我们知道，人类是善于讲故事的生物，他们过着故事化的生活，不仅依赖故事而存在，而且还是故事的组织者、传播者和消费者。故事研究即叙事探究，也就成为解读人类经验世界的研究方式。

第三，叙事不仅是一种重要的措辞形式，还是一种关于经验的思维模式。通过叙事，我们可以更好地呈现故事和经验，通过叙事方法，我们可以穿透经验来解析其背后的意义。

第四，叙事通过其独特的故事、丰富的语言及多样化的陈述，实现了叙事者对自身身份、生活意义本身的阐释。在教育领域，教师通过对自身和他人的叙事性研究使自己实现反省和思考成长。很多学者认为，叙事和叙事方法已经成为一种实证性的教育科研方法，已经成为一种教师专业发展的方式。

2. 教育叙事的产生与发展

教育叙事顾名思义就是将叙事研究理论与教育理论相结合，形成的一种新的教育理念。关于教育叙事的研究兴起于 20 世纪 70 年代，20 世纪末开始在我国的教育界引起广泛的关注。

西方国家对教育叙事的研究以加拿大和北美学者为主要研究群体，其中加拿大学者康纳利（Connelly）和克莱丁宁（Clandinin）的成就较为显著。在他们从事的有资助性研究项目中一直把叙事研究当作主要工具，几年来陆续发表了几十篇叙事研究的科研论文。他们的博士生的论文选题也有很多围绕这一领域。此外，美国从事概念重建的一批有影响的课程学者也积极地参与到这种研究中来。

华东师范大学的丁钢教授是最早将叙事研究方法引入中国教育界的人，他在 20 世纪初将国外学者的教育叙事研究成果翻译成中文，并发表了一系列关于教育叙事研究的论文，阐释教育叙事研究的内涵与意义。此后，我国关于教育叙事的研究逐渐兴起。

由于我国目前对于教育叙事的研究仍处于起步阶段，研究成果较少。因此，对于教育叙事的相关理论的研究还不够完善，关于教育叙事的定义，主要有以下几个观点：

（1）丁钢认为，教育叙事是关于人们在教育实践中总结出的教育经验、知识和体验的一种有效表达方式。

（2）刘良华认为，教育叙事是叙述者根据教育实践活动，以讲故事的方式表达自身对于教育理解的行为，主要起启发与参考作用，而不是提出具体的方法论，读者需要根据叙事内容，亲身体验感悟教育的内涵以及如何开展教育活动 ❶。

（3）郑金洲认为，教育叙事是教育活动研究成果的一种表述形式，既指教师在研究过程中用叙事的方法所做的某些尖端的记录，也指教师在研究中采用叙事方法呈现的研究成果。

综合以上观点，我们对于教育叙事的概念有了一个总体的了解。即教育叙事是采用叙事的表达形式，对于教育实践中的具体案例与故事进行意义化处理，并运用于教学实践的教育活动。

我国教育界对于教育叙事的研究主要集中在两个领域：一是从理论的角度出发，对教育叙事的本质、内涵、特征和规范等方面进行研究；二是从实践的角度出发，针对具体研究对象展开叙事教育的实践，并对实践的整个过程进行观察和分析。

随着教育理念的不断发展与新时代课程改革的不断推进，我国的教学实践逐渐滞后于教学理念的发展，教育叙事因其具有贴合教学实践、能够引发人们共鸣的特点，逐渐受到教育研究者的青睐，也符合新时代教师专业的发展。

（二）教育叙事对英语教师素质提升的促进作用

教育叙事凭借其独特的内容与形式，以及突出的实践性，受到教育工作者的普遍欢迎和重视，教育叙事对英语教师素质的提升具有重要的促进作用，可以帮助教师反思教学行为、改进教学方式、提升教学质量，其主要内容如图7-10所示。

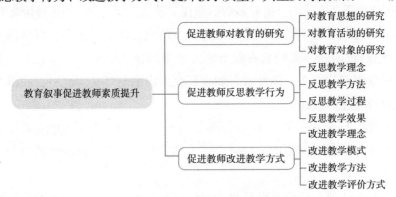

图7-10　教育叙事促进教师素质提升

---

❶ 陈旭远：《校本教研的理论与实践》，天津，天津教育出版社，2018：70-72。

1.促进教师对教育的研究

教育叙事是用叙述的方式讲述教育实践中发生的故事，其主体是教育者，具体到教学实践中就是教师。教师科学应对与处理在教学实践中遇到的问题，并由自己或者通过他人将遇到问题、解决问题的过程叙述出来，供其他教育者借鉴参考的过程，就是教育叙事。

（1）对教育思想的研究。理论对于实践具有指导作用，教师的教育理念、教育思想对于教师教育方法的选择具有直接的影响。思想指引行为，行为产生结果，因此教育叙事研究的首要任务就是研究教师教学活动背后所蕴含的教育思想，为教师的日常教学实践寻找经验参考与理念支撑。

（2）对教育活动的研究。不同教育思想指引下教师所开展的教育活动是丰富多彩的，教师在教育活动中传授知识、践行理念、不断完善和提升自我，这个过程本身就具有重要的研究意义，是教育叙事研究的核心组成部分，对于教师认识和提升自我具有重要的参考价值。

（3）对教育对象的研究。我们在前面的篇章中多次提到，教学是"教"与"学"互动的过程，学生是教学活动的主体，学生知识水平与综合能力的提升是教育活动的目的之所在。因此，对于学生即教育对象的研究，同样也是教育叙事研究的重要组成部分。教育叙事研究要针对学生的性格特点、认知特点、学习习惯、思维活动、个体差异等方面开展研究，帮助教师更好地了解学生的各方面特点与差异，并以此为依据选择合适的教学方法。

2.促进教师反思教学行为

（1）反思性教学概述。反思性教学的概念起源于美国，美国著名教育家杜威首先提出"反思性思维"这一概念，后续研究者将这一概念不断完善、发展，并与其他理论知识相结合，在不同的行业研究领域形成了大量的理论成果，而关于反思性思维的研究，体现在教育领域就是反思性教学理论。

所谓反思性教学，就是教师对于自身教学实践中的行为表现及其依据进行批判地考察，并根据教学实践提升教学方式的合理性，改进教学方法、提升教学质量的过程。反思性教学可以帮助教师将"教"与"学"有机结合，更加科学、审慎、合理地开展教学活动。

教育叙事的重要作用之一就是帮助教师通过分析自己的具体教学实践，反思自己的教学行为，发现自己教学过程中的优点与不足，教育叙事可以帮助教师更好地开展反思性教学。

反思性教学有以下特点。

第一，反思性教学是教师对于自己的教学过程所进行的主动、积极的思考。

第二，反思性教学是一个持续的过程，需要教师在教学实践中不断审视、反思和修正自己的教学行为。

第三，反思性教学的主体是不可替代的，教师个体既是反思者，又是反思的对象，其反思的内容是自身的教学实践，无论是作为反思主体的教师，还是作为教学对象的学生，都具有独特性，是其他个体所不能替代的。

第四，反思性教学对于教学效果的提升具有显著的作用，这是因为反思性教学具有很强的针对性，针对教学过程中的不足进行改进，其核心目标就是使教学过程更具合理性，提升教学效果。

第五，反思性教学可以帮助老师更加容易地发现教学实践中的不足并及时做出调整。

第六，反思性教学要求作为反思主体的教师要具有开放的思维与强烈的责任心。

第七，反思性教学具有合作性。教师之间合作进行反思性教学对话与交流，可以更全面地分析教学过程中遇到的种种问题，对于教学过程中的不合理因素，有则改之无则加勉，对于教学过程中有价值的因素，可以借鉴学习，有选择性地融入自己的教学模式当中。

（2）英语教师开展反思性教学需要对教学理念、教学方法、教学过程和教学效果这四个方面的内容进行反思。

第一，对于教学理念的反思。教学理念对于教学实践具有指导作用，因此，反思性教学要求教师首先要对自己的教学理念进行反思，积极学习先进的教学理念，摒弃落后的、不适应当前英语教学要求的教学理念，勇于转变。

第二，对于教学方法的反思。对于教学方式、方法的反思也是反思性教学的重要组成部分，主要包括以下内容：①在课堂教学中，理解性问题、开放性问题以及高层次问题提问的数量以及学生参与的人数和次数；②对问题学生的处理；③对课堂上突发事件的处理；④语言知识教学所采用的方法与技巧；⑤教学活动设计的合理性；⑥运用教学手段的技能；⑦课堂教学的组织与管理。

第三，对于教学过程的反思。反思性教学还要注意反思教学过程，具体要对下面的内容进行审视：①教学角色是否符合教学材料、教学目标和学生需要；②教学活动设计是否合理；③教学活动实施是否与预期目标一致；④教学技术的使用是否有利于学生的语言学习与能力发展；⑤教学目的、教学工具、教学方法、教学措施以及教学过程等是否将理念与实践有机结合起来；⑥时间安排是否合理；⑦学生参与课堂学习活动是否积极，学生的学习效果如何。

通过对这些内容进行反思，教师可以理性地回顾自己的课堂教学行为，从中发现存在的不足与问题，在以后的教学中注意改进。

第四，对于教学效果的反思。反思性教学要求教师不仅要求教师要对自己的整个教学过程进行反思，还要对教学的效果进行反思。对于教学效果的反思需要分两方面进行分析：①从学生的角度考察，即学生对于英语教学的满意程度以及学生对于知识的掌握是否符合英语课程标准的要求；②从教师的角度考察，即教师在考察阶段内的教育活动是否对教师的个人教学经验和教学理念起到了丰富和促进的作用。

3.促进教师改进教学方式

教育叙事通过对于其他教育者或者自己的教学实践进行总结和分析，使教师得到启发与经验，或帮助教师发现自己教学过程中存在的问题，及时纠正，或帮助教师发现自己教学中潜在的问题，防患未然，是教师实现专业发展的有效途径。

教师还可以根据教育叙事改进自己的教学方式，教学方式在教学实践中形成，具有符合具体教学实际的优点。当然，也不可避免地带有主观色彩，导致教师会难以察觉自己教学方式的部分缺点，因此教学方式通常具有一定的局限性，这就需要通过教育叙事进行检查与完善。

教育叙事可以通过具体的教学实践与教学经验，帮助教师发现平时容易忽略的问题，找到自己所使用的教学方式的不足之处，以及可能导致的问题。与此同时，教育叙事还可以帮助教师充分吸收其他教学方式的优点，取其精华，并与自身教学实践相结合，形成更加完善的教学方式，节约试错成本，促使英语教学更加顺利地开展。

二、构建专业化的培养体系

构建专业化的培养体系有助于提升高校英语教师的素质，这主要是因为提升英语教师的专业素质水平需要国家、教师、学校与社会共同努力，其中，国家、学校、社会的作用就是为教师实现专业发展提供良好的政策环境与学习条件，建设专业化的教师培养体系，是实现教师专业发展的重要途径，其主要内容包括：开展校本培训、促进教师共同体的发展、优化英语师范教育以及健全英语教师的继续教育制度。

（一）开展校本培训

1.校本培训的内涵

校本培训是实现教师专业化发展的有效路径，受到普遍的欢迎。学校应该定期举办英语教师培训活动，充分利用校内外的各种资源，使英语教师在交流与互动中讨论教学过程中出现的问题，学习英语教学的先进经验，使自己的专业知识和教学能力得到提升。

欧洲教师教育协会对于校本培训的定义是：校本培训指的是学校出于教学课程安排与教学总体规划的需要，组织实施的旨在全面提升教师素质、满足教师发展需求的校内培训活动。其包括以下四个方面的内容。

（1）校本培训的目的是达成学校的教学要求。

（2）校本培训由学校组织发起，其实施主体是学校，学校拥有充分的自主权。

（3）校本培训在满足学校发展需要的同时，也要满足教师的自我发展需求。

（4）校本培训的组织地点以学校为最佳。

我国学者对于校本培训的概念和内涵也有多种解读。有的学者认为，校本培训即以校为本开展的教师培训活动，强调学校在活动组织中的主体作用。有的学者认为，校本培训是学校根据自身发展的需要，自主制订培训目标与培训计划，以学校的具体教学实践领域为阵地，自主开展的旨在提升教学质量的教师培训活动。还有的学者强调校本培训的目的，认为校本培训是由学校发起的、与教育教学和科研活动密切相关的、旨在提升教师教学能力的教育活动形式。

我国学者何声钟给校本培训下的定义是：源于学校发展的需要、由学校发起和规划、满足学校与教师发展需要、在校内进行的学习与培训活动。它既可以在整个学校进行，也可以在某个部门或某个学科组织进行，还可以多所学校合作进行。

综上所述，我们对于校本培训内涵有了整体的认识和进一步的了解。校本培训从词语结构上来说由两部分构成，即"校本"与"培训"。"校本"指的是以学校为本，以学校为本主要体现在以下三个方面。

第一，校本培训为了学校，校本培训的目的是促进学校和教师的发展，因此，开展校本培训的出发点应该是解决学校和教师在实际教学活动中遇到的困难，实现学校整体教育质量的提高。

第二，学校是校本培训的主体，校本培训基于学校，校本培训的所有活动内容必须从学校和教师的实际需求出发，根据教学实践的实际情况，自主确定培训的内容和组织方式，促进学校与教师的共同发展。

第三，校本培训需要立足学校，立足于具体的教学实践。校本培训不是纸上谈兵，其成果需要在具体的教学实践中来检验。因此，校本培训的过程不能脱离学校，应该将培训的理论应用于学校教学的实际，发现教学过程中的问题，并分析与解决问题。

"培训"即"培养与训练"，是提升教师专业发展水平的重要手段，当今信息化时代，知识更新速度快，新模式、新理念、新方法不断涌入教育领域，这为教师带来了一定的挑战，要想不落后于时代，就需要通过培训活动不断更新自己的知识与技能体系，更好地解决教学过程中遇到的难题❶。

基于上述分析，我们对校本培训可以有一个比较明确的定义：校本培训指的是学校从自身发展需要和教师的实际需求出发，立足于教学实践，充分利用校内外资源，组织发起的旨在促进学校教育质量提升和教师专业发展的培训活动。

2.校本培训的优点

校本培训与传统的教育培训和职业技能培训不同，具有诸多独特的优点，主要体现在以下四个方面。

（1）校本培训从学校和教师的发展需要出发，对于具体的教学实践具有良好的指导作用。

（2）校本培训中学校和教师的自主性强，可以灵活选择适合自身的培训方式与内容。

（3）在校本培训中，教师不仅是学习者，同时还是培训的组织者与参与者。培训方式平等、灵活，可以提升教师参与培训的积极性，充分发挥教师的

---

❶ 黄莺，贾雪涛：《双师型教师的专业发展研究》，北京，中国书籍出版社，2019：211-212。

主观能动性，更易达到良好的培训效果。

（4）校本培训充分利用校内外各种资源，更易达到培训目标。

3. 校本培训的实施路径

（1）充分挖掘本校资源。校本培训的主要组织方式有两种，分别是校内培训与学校之间的培训交流。其中，校内培训立足于本校教学实际，更加有利于帮助教师理论联系实践。

本校资源包括学校教学的历史经验、本校骨干教师的教学经验以及本校教师的教学实践总结等。充分挖掘本校资源，让教师们在熟悉的环境中互相交流学习，培训针对的是同一所学校的教学活动，可以让教师们在更加轻松的氛围中活跃交流，而培训的内容也能更好地融入实践。

同时，校内开展的校本培训立足于本校，成本更低，也更容易开展，因此，此种类型校本培训的频率可以适当提升，帮助教师及时反馈教学中存在的共性或个性问题。

（2）创新校本培训的方式。传统的校本培训方式以线下组织交流培训活动为主，通过教师之间的交流与分享获取教学经验，探索教学方法。而在信息技术十分普及且不断发展完善的今天，充分利用新的技术展开校本培训就成为教师专业发展的重要需求。

信息技术并没有改变校本培训的基本形式，而是改变了校本培训的互动和交流方式，信息技术在校本培训中的应用具有鲜明的特点，即高效、便利、资源更新快。通过多种交流平台，教师可以在线上进行即时互动和交流，通过对各种教学资源的合理运用，教师可以持续、及时地获取丰富的教学资源和教学信息，作为自己开展教学活动的重要参考。

学校和教师还可以通过网络建立交流群或交流组，共同进行教学研修，探讨和解决教学过程中遇到的问题，总结教学过程中出现的经验。在这个过程中，教师可以自由选择培训、交流的时间和方式，根据自身的教学实践及时参与线上研修与交流，使校本培训不再受时间与空间的制约，可以持续保持活力。

（二）促进教师共同体的发展

1. 教师共同体的概念

教师共同体指的是为了促进教师的专业发展，教师群体本着合作、互助、共享、开放、发展的理念，以教学经验的交流与教学互助为主要内容，组建而成的教师团体组织。

2.教师共同体的作用

教师共同体的成员组成以教育者为主，成员可以通过教师共同体学习教育理论，交流教学经验，探讨教学问题。此外，教师共同体还具有一定的社会影响力，可以维护教师权益，为教师专业发展创造更多的有利条件，具体分析，教师共同体的主要作用主要包括以下四个方面的内容。

（1）方便教师之间的交流。在教师共同体中，教师可以打破学科与教学环境的限制，自由进行教学经验的交流与分享，共同分析并解决教学过程中遇到的问题，从不同的角度、不同的实践经验、不同的教学经历针对某一教学话题进行讨论，有利于开拓教师的教学思维，帮助教师从多角度认识教学活动，以及采取灵活的方式应对教学实践中出现的问题。

（2）帮助教师自主提升专业发展水平。教师共同体是教师自愿组成或加入的，没有外界的强制性要求，因此是教师个体的一种带有很强积极性的主动行为。不同的教师共同体也具有自身独特的风格，同一教师共同体中的成员往往在很多方面具有相似性，如兴趣、爱好、对待教学的态度、教学理念、教育方式、价值观以及为人处世方式等。具有相似品质的个体之间的交流会变得更加流畅、顺利，教师也会对该团体更有归属感，形成心理活动与实践活动的良性循环，帮助教师自主提升专业发展水平。

（3）有利于教学资源即时共享。教师共同体的另一重要优点就是信息资源的共享，优秀的教师共同体同时也是一个蕴含着丰富智慧与庞大信息量的平台，教师在其中分享自身关于教学的种种观点，同时分享自己掌握的关于教学的相关信息，这种由大量个体之间分享信息的方式，可以保证信息更新的即时性，让教师可以在第一时间接触到新的政策、新的教学方式、新的教学理念等。

（4）为教师提供学习的平台。教师共同体还可以通过引入教育领域的专家与其他优秀教师的方式，让他们分享教学经验，从更加专业的角度分析教学活动，为教师的教学活动提供更多的学术和理论支持，提升团体内教师的专业水平，促进团体内教师的共同发展❶。

---

❶ 刘雨蓓：《ESP教学方法改革与教师专业发展研究》，青岛，中国海洋大学出版社，2019：176—177。

（三）优化英语师范教育

英语师范教育是英语教师培养的基石，只有不断优化英语师范教育，才能为国家的教育事业源源不断地输出优秀英语教师，优化英语师范教育需要从课程结构与教育实习两方面进行，主要包括以下两个方面的内容。

1.优化英语师范教育的课程结构

师范教育是教师教育的基础阶段，是基本的教学方法与教学知识的研习阶段，同时也是教师教育思想和理念的形成阶段。师范教育的课程直接影响着未来教师的教育知识结构与实践技能体系。师范教育的课程安排分为三大类别，分别对应我们在之前章节提到过的英语教师的知识结构体系，分别为：普通课程、教育专业课程以及英语专业课程。

（1）英语专业课程。英语专业课程包括英语各项专业知识的教学，包括听力、语法、词汇、阅读、翻译等，英语专业课程负责培养英语教师的核心知识体系，一名合格的英语教师，必须具备过硬的专业素质，才能保证教学的质量，树立教师的权威，因此英语师范教育必须将英语教育课程的设计与教学放在十分重要的位置，重视对于英语专业课程各个环节的考查与评价，及时发现并纠正教学过程中存在的问题，完善英语教育的课程结构，培育教师的课程必须具有极强的专业性与严谨的学术性。

（2）教育专业课程。教育专业课程与英语专业课程相辅相成，其主要培养内容是学生的教育理念、教育专业知识以及教育实践技能。从我国目前的英语师范教育实际来看，总体呈现出重视英语专业知识教育、忽视师范教育的特点，需要引起师范教育者的关注。

教育专业课程集中体现了英语师范教育中的"师范性"，其开设的课程主要有教育学、心理学、教育技术、教学法等，通过这一系列课程的学习，学生可以充分了解英语教学的理论与方法、学习英语教学的方法。

教育专业课程在部分学校往往会被忽视，这些学校或者部分教育者认为应该把英语师范教育的重点放在英语教学上，只有巩固学生的英语基础，才能够保证其在以后的教学中不会出现学术性错误，至于具体的教学方式和教学理念，可以让学生在以后的教学实践中慢慢总结形成，这种观点忽视了英语师范教育中的"师范"二字，使英语师范教育与英语教育一样，培养出来的学生可能会具有良好的英语专业能力，但却不知如何成为一名合格的英语教师。

在英语师范教育中，教育专业课程的重要性丝毫不亚于英语专业课程，作为一名英语教师，对于专业知识的熟练掌握固然重要，但对于教育教学知识的掌握关系到其能否成为一名合格的教师，一名教师如果对于教育本身的知识都缺乏了解，又何以为人师表。因此，各英语师范教育专业都应重视教育专业课程，提升其在英语师范教育评价系统中的比重，让重视教育专业学习的理念深入人心。

（3）普通教育课程。在英语师范教育中，普通专业课程的比重明显低于英语专业课程与教育专业课程，这是由师范专业教育的特点所决定的。但是比重低并不代表其不重要，普通教育课程所教授的知识具有普遍性，是完善英语教师知识体系的重要组成部分。

全面的英语教师的知识体系，不仅包含了英语专业知识与教育专业知识，还包含着其他所需的专业与社会知识，这些知识的作用是辅助提升英语教师的整体素质。

例如，为了科学提升学生的英语综合水平，教材中往往会涉及大量的人文地理知识、文学艺术知识与历史文化知识，如果一名英语教师对于地理、文化、历史等知识少有涉猎，那么将很难在英语教学的过程中穿插人文知识的讲解，英语教学就会变成枯燥的词汇与语法讲解，教材也失去了其原本的作用。

再如，在英语教学实践中，无论是教材还是辅导资料，都有着鲜明的时代性，部分内容凝聚历史精华，罗列往圣绝学，部分内容与时俱进，体现时代的发展方向。如果一名教师对时代前沿的信息不甚了解，就难以精准把握教学材料的内容，同时难以发挥教师的榜样作用，动摇了教师在专业性领域的权威。

因此，普通教育课程同样是英语师范教育的重要组成部分，需要保证其应有的课时以及课程内容的全面性。

2. 重视教育实习的作用

教育实习是英语师范教育的重要组成部分，没有教育实习的英语师范教育就像沉睡在象牙塔书库中的珍贵古籍，无论其中蕴含多少丰富的理论知识与教学经验，能带给学生的也只是纸上谈兵的思想，英语师范教育中的理论，只有应用于实践教学活动，才能展现出勃勃的生机，发挥其应有的作用。

教育理论具有普遍适用性，但却不是万能的，要根据教学实际情况进行调整与完善。教育专业理论是从实践经验中总结而来的，也只有具体的教学实践才能检验其是否符合当今教育实际。不同教学实践中形成的教育理论具有各自的特点，教师不能将其简单地搬运至自身的教学活动中去，而应该理论联系实际，在具体的教学实践中，根据学生特点、教学环境、课程安排等因素对其进行调整。

在英语师范教育中，教育实习最重要的功能就是帮助师范学生较早地接触英语教学实践。通过教育实习，学生可以初步获得课堂教学体验与英语教学经验，切身感受理论知识学习与实践教学之间的差异，了解教学活动中各种因素对于教学的影响，更加深入地理解教学活动是师生互动的过程，而不是简单的单向知识传输。

在英语教育实习中，还可以在第一时间发现教育师范生在专业知识和实践技能层面存在的问题，对症下药，及时纠正师范学生在教学环节存在的问题。与此同时，英语教育实习能将师范教育的成果直观地展现出来，可以为师范教育的教学理念、教育模式、教学方式、教学内容以及评价方式等方面的改革提供重要参考。

（四）健全英语教师继续教育制度

进入工作岗位并不意味着教师学习阶段的结束，教师应该树立终身学习观念，既是“教师”，又是“学生”。教师通过学习不断提升自身素质，既是教师实现专业发展的要求，同时也是国家教育事业发展的需要。

当今信息时代的显著特点之一就是信息和知识的更新速度加快，新的教学理念与新的教学方式不断产生、更新，加之英语教育政策的不断调整，英语教师在学校中学到的知识，不可避免地会面临过时、老化、不符合现代教学实践等问题。因此，教师必须始终保持学习的心态，不能满足于现有的知识体系，不能禁锢在固有的教学模式之中，要勇于探索和学习新的教学理念，并付诸实践。

教师的学习途径总体分为两个方面：其一是自我学习与提升，这需要教师拥有充分的自我发展意识；其二是教师继续教育制度下的一系列教师培训活动。教师继续教育制度需要整合各类教育和社会资源，相关教育部门、综合类大学、师范性院校、中学以及教育团体或组织，需要相互沟通，相互协调，相互配合，实现信息与资源共享，教育与学习联动，共同努力，提升教师专业发展水平。

作为教师的工作单位，教师所在的学校应该重视教师的继续教育工作，充分发挥其教育资源整合的作用，合理制订教师培训计划，并将其规范化、制度化，确保每位教师享有平等的培训机会。部分学校存在不重视教师继续教育的现象，认为教师的本职工作是教学，以教师现有的能力，负责该学习阶段学生的教学工作绰绰有余。这些观念显然是错误的，首先，时代是不断变化发展的，教育工作也应紧跟时代的步伐，不断变革与创新。其次，正所谓"磨刀不误砍柴工"，教师接受继续教育的目的是不断提升教师的专业素质，以适应中国教育的不断发展。教师在继续教育的过程中可以学习和掌握最新的教育理念与教育方法，然后与实际教学实践相结合，运用到英语教学活动当中，可以更有效地提升教学效率。

教学思维与教学模式的固化都会导致教学实践停滞不前，无法为教学活动注入新鲜的血液，逐渐导致教学落后于时代发展。这种情况之于教师本身来说亦是如此，学习如逆水行舟，不进则退，教师只有不断更新自身的知识体系，才能不断进步，不被时代所淘汰。

三、加强教师专业发展的保障

要提升英语教师的素质，不但要重视对教师的培养，还需要健全和完善相关保障制度，保护教师的合法权益，真正提升教师的专业发展水平。提升英语教师的素质，加强教师专业发展保障需要从国家、社会的上层建筑建设出发，统筹规划，协调发展，主要路径如图 7-11 所示。

图 7-11　加强教师专业发展的保障

（一）加强教师专业发展的法律保障

法律保障是教师专业发展最直接、最有力的保障。法律可以有效保障教师的合法权益，同时可以对教师专业发展起到一定的导向作用。

我们以教师资格制度为例，教师资格制度是法律保障教师专业发展最为显著的体现之一。我们在介绍教师专业发展历程时提到，教师职业的出现时间很早，可以追溯到公元前，但教师的专业化发展却不尽如人意，教师的专业地位相较于其他专门职业来说确立较晚，这种情况在我国更是体现得尤为突出，教师这一职业从在我国出现到实现现代意义上的专业化，经历了数千年的时间。

随着国际社会对于教师专业化发展的愈发重视，从 20 世纪 90 年代开始，我国也将教师专业发展作为教育教学的重要组成部分展开一系列研究与探索，开始重视教师资格制度的完善。教师是负责教学活动的专业人员，从业教师需要符合行业特定的标准与要求，教师承担着教书育人的重任，因此需要严格的行业准入资格，这种准入资格考核就是教师资格证书制度，其最终成果就是教师资格证书。

为保护教师专业发展和教师行业准入制度正常的推进，国家先后于 1994 年、1995 年和 2000 年颁布了《中华人民共和国教师法》《教师资格条例》《〈教师资格条例〉实施办法》等法律法规。这些法律法规为教师资格证书制度的实施提供了强有力的保障，也体现了教师职业的专业性，以及教育作为一国之本的重要地位。

虽然有强有力的法律保障，但是我国的教师资格制度在具体实施时仍然存在许多问题和纰漏。主要有以下几点：

（1）教师资格证考试的准考条件宽松，考生素质参差不齐，许多考生并未接受过师范教育。虽然说接受师范教育不能作为考核一个人教学素质与教学潜力的硬性指标，但是太宽泛的要求也导致教师资格证考试的专业性与其他专业性职业考核相比相对较低。

（2）教师资格证考试的考核内容难度较低，对于专业素质和教学能力的要求相对较为宽松，在一定程度上影响了我国教师队伍的质量。

（3）虽然大部分地区取消了教师资格证终身有效的规定，但对于教师资格的审核却相对宽松，对于教师的要求并不严格。

综上所述，教师资格证考试是我国教师专业的行业准入考试，需要认真对待，严格把控，不断调整和完善教师资格考试制度，建立严格的教师资格证认证制度，提高对于专业知识与教学技能的考核标准，规范和提升教师资格证的审核标准，提高教师行业的准入门槛，确保为中国的教育事业源源不断地补充具备扎实专业知识和高水平教学技能的高素质人才，在法律层面不断推动中国的教师专业化发展。

我国涉及教师专业发展的法律法规众多，教师资格证制度只是其中之一，教育部于 2021 年 11 月发布了《中华人民共和国教师法（修订草案）（征求意见稿）》，体现了国家对于教师专业发展的重视，以及我国教师专业发展法律保障机制的不断完善。

（二）健全教师专业发展的制度保障

1. 健全法律和制度保障

制度保障是教师专业发展保障体系中的关键组成部分，是教师专业发展不可或缺的外部保障。教师专业发展制度保障的具体内容是，拥有完善的、与教师专业发展目标相对应的法律、法规以及相关政策。

《中华人民共和国教师法》明确了教师的任务与地位，强调了教师行业的专业性与教师的专业地位，指出教师的使命是教书育人，为社会主义的建设与国家和社会的发展培养高素质的接班人。《教师资格条例》也在法律和制度层面明确了教师的法律地位。我国关于教育的法律法规众多，其中大多涉及教师职业，这些法律法规的颁布和实施为我国教师的专业发展提供了坚实的法律与制度保障。

2. 完善教师专业发展评价体系

（1）教师专业发展评价机制的内涵。教师培养机制与培训机制为教师专业发展提供了良好的条件，对于教师专业知识的学习和教学能力的提升具有重要的促进作用。而若想充分了解教师素质的提升情况与教师专业能力的发展情况，则需要依赖科学的教师评价机制。

评价指的是对于某些现象的发展变化情况以及其优缺点进行评估，那么教师评价机制的含义就是对于教师专业发展评价模式的内在组织及运行规律。

（2）健全教师专业发展评价机制。教师专业发展是一个复杂的动态发展系统，包括教师的成长、学习、教学与发展的整个过程，同时还包括关于教师专业发展的政策、制度、环境等因素。促进英语教师专业发展，提高英语教师的专业化水平，提升中国的英语教育水平，不仅需要重视教师的培养，还应该重视教师发展的保障，完善教师发展保障机制，在法律、制度、组织、经济、社会、评价体系等各方面加强对于教师发展的保障，为教师专业发展提供良好的环境。

教师专业发展评价体系的对象是教师的专业素质以及教师的教学活动,具体来说,包括知识结构、专业素养、教学能力、人文素养、师风师德等教师的专业素质,以及教学课程规划、教学设计、课堂教学、教学方法、教学模式、教学组织、教学成果等教学活动的方方面面。

一套科学的教师专业发展评价体系可以对教师进行全方位、科学的评测,对于表现优秀的领域,应该给予教师充足的正向激励,对于不足的部分,能够帮助教师及时发现不足之处,并进行纠正。科学的教师专业发展评价体系能够对教师专业发展起到巨大的推动作用。相反,一套不合理的教学评价体系则会对于教师发展起到错误的导向作用,比如在我国部分高等院校的英语教师评价体系之中,存在着评审标准单一、行政干扰、评估方法趋同、评估模式僵硬等问题,这种教学评价模式不仅不利于英语教师的专业发展,而且影响着高校的英语教学质量。

因此,我国需要探索并建立一套科学的教师专业发展评价体系,其中包括科学的学术评审制度和质量评估制度,为新时代我国的教师专业发展提供坚实的制度保障。

教师专业发展评价体系还应根据具体教学阶段的不同,而在评价内容与评价方式上有所区分,要充分考虑教师个人专业知识和专业素质在不同阶段的发展要求,制定相应的评价内容与评价机制。

在教师专业发展评价体系的评级机制构建中,我们还可以建立发展评价机制,这种评价机制具有发展性的特点,不再一味地采取硬性指标对教师进行考核,可以为教师创造一个相对宽松的评估环境,在正常的工作环境下对教师进行评估,根据教学实践判断教师在教学活动中的表现,提供合理的改进建议,帮助教师提升教学水平。

（三）健全教师专业发展的组织保障

组织保障是教师专业发展保障的有效路径,其通过建立相关教育和教师组织,为教师个人的权利与教学活动的开展提供规范化管理与制度性保障。组织保障强调对于教师权益的保障,由于教师专业发展需要通过教育、培训、交流合作等方式实现,而这些实践路径均属于教师的发展权益,因此组织保障对于教师专业发展具有重要的意义。

组织的形式多种多样,在美国,有许多关于教师行业的专业组织,如全美教育协会（NEA）、美国教师联合会（AFT）、美国大学教授联合会（AAUP）

等，这些组织以保护教师权益为工作核心，虽然是民间组织，但拥有巨大的影响力与号召力，能够有力地维护教师群体的合法权益。

中国的教师组织保障起步较晚，尚处于探索阶段，还存在较大的发展空间。我国的教师组织分为国家相关部门牵头成立与民间组织成立两种，如高等教育部门成立的中国高等教育协会和民间组织成立的中国教师教学研究会。国家相关部门牵头成立的教师组织多是以学科建设为使命，而不是从社会职业的角度对教师的职业道德、职业操守和职业权利等方面进行规范。

建立和健全正规的教师管理组织是保障教师专业发展的重要途径。政府还应该设置专门的机构，对教师的职业道德、职业操守和权利义务进行规范与保障。该机构的成员组成应该包括政府以及教育领域的不同部门、不同机构以及不同的群体，政府的机构设置应该对于教师组织有约束力，对于政府行政机关具有影响力，对于教师事务的处理有执行力，能够良好地协调各部门与机构之间的关系，为教师群体提供规范化的行为准则以及制度化的权利保障。

我国教师组织的发展由于起步晚、发展慢，因此还有很长的路要走，但千里之行始于足下，教师组织的建设应该从现在抓起，在国家教育部门的引导下，有社会力量组织建立并进行管理，为我国教师专业发展提供更多的保障。

（四）健全教师专业发展的社会保障

随着经济与社会的发展，人们的价值观也产生了一定的变化，在当今时代，人们的价值观主要是市场经济条件下对个人主体价值的承认和肯定，这种转换强烈地影响着当代教师，激发了教师追求个人主体价值的积极性、创造性和主动性，能充分发挥其个人价值。与此同时，学术劳动力市场的流动性不足，绝大多数教师在同一所学校终身任职。价值观的变化和劳动力市场的流动性不足，使教师产生职业倦怠感，导致工作绩效下降，这势必会影响教师自身的成长和发展，也在一定程度上制约了教育领域的改革。

为了顺利地发展教师专业化，全社会都应该创造积极的社会环境，建立适当的社会调节体系。根据立法授权，引入中介评审，建成高校专业技术资格评价的社会化组织，建立与单位聘任体系配套的高校教师自由流动机制，确保高级专门人才能在更大范围内相互竞争，不断地更新知识技能，获得较快的专业发展。

（五）健全教师专业发展的经济保障

薪资待遇是教师工作的积极性、主动性以及工作热情的决定性因素。一个专业要想吸入大量优秀人才，必须有很高的经济回报作为支撑，只有这样才可以促使专业内教师不断努力，提高自身的专业水平，树立严格的职业道德，从而提高本学科的权威和社会地位。教师职业是一种专门的职业，教师的劳动是一种复杂的劳动，教师劳动应该具有更高的价值，教师的经济待遇应等同于整体的社会工作者从事复杂劳动的工人所享受的经济待遇水平。

联合国《关于教师地位的建议》强调教学不仅是一种专业，教师的待遇也应该有一定的标准，至少应与具备同等学力资格而从事其他工作的人员获得相当的报酬。我国改革开放以来，教师的地位已大大提高，但与很多行业相比，教师的待遇仍然不高，导致教师的社会地位难以提高。吸引大量优秀教师加入教师队伍，努力提高教师的经济待遇和社会地位，是政府和社会的责任，也是促进教师专业化发展的有力保障。

四、其他提升教师素质的方法

（一）参加学术会议

定期参加专业学科的学术会议是提升高校英语教师素质和能力的重要途径。与英语专业学科发展和英语教学科学研究相关的学术会议为高校英语教师之间的沟通交流与共同发展提供了良好的平台。来自世界各地的英语学者在学术会议上汇集一堂，广泛学习各种专业知识，自由阐述自己的交流成果，与同行分享自己的研究经历，各抒己见，百家争鸣。

在论述和汇报过程中，英语教师的专业知识水平和教学认知水平得以提高。除此之外，学术会议上资源丰富，形式多样，电子会议、视频会议、电子公告板、网上论坛等形式的交流手段更是为英语教师获得学术信息和资源提供了便利。因此，经常参加学术交流，不仅可以加深教师自己对理论的理解，还能明确学科发展的方向❶。

（二）进行学术深造

伴随着信息全球化和教育国际化的发展，加上各国在政治、经济、文化等方面的合作与交流，使出国学习、交流的政策不断放宽，出国的手续办理也越来越简便；再加上英语教师本身具有的英语语言优势，有利于英语教师在国外

---

❶ 赵丽：《互联网背景下高校英语教育的创新发展》，长春，吉林人民出版社，2020.12：121。

开展学习和生活，因此对于英语教师来说，出国进行学术深造已经不是一件遥不可及的事。

与此同时，学校的财政资助也为英语教师进行学术深造提供了必要的保障，对英语教师的长期发展和进步来说意义非凡。学术深造有助于英语教师在进一步提高自身专业知识的同时，了解相关学科的发展情况，涉猎新的研究专业和研究领域，拓展研究视野，更新教学理念，提升学术水平和教学科研能力。

（三）开展终身学习

经济全球化、文化多元化和互联网信息技术的发展，为知识的获取和信息资源的流通提供了便利的条件，基于这种发展现状，英语教师要进一步确立终身学习的理念，通过不断的学习丰富自己的专业知识，提升自己的教学认知和教学能力。学无止境，尤其在这样一个信息和技术更新换代速度非常快的时代，不学习新知识、新理念和新技术就会落后、被淘汰。当前高校学生的年龄基本在18～25周岁，他们接受新思想、发现热点问题的速度也很快，因为他们都会使用手机、平板等各种智能设备，都非常关注网络信息的变化，因此如果英语教师不积极利用互联网信息技术上网更新自己的知识储备、学习新的技术，就会跟不上高校学生的认知动态和思想变化，就不能理解他们的关注点和兴趣点，因而就不能与学生进行顺畅沟通，不利于教学活动的开展和师生感情的培养。

高校英语教师除了可以利用互联网信息技术进行自学以外，还可以通过出国进修的方式学习。近年来，高校英语教师可以通过学校、院系出资或者个人连同学校共同出资的方式出国进修，还可以通过参加各类职业培训或国内外学术会议的方式进行学习。为了培养越来越多的新型复合型大学英语教师，满足当前高校英语教学工作的需求，我国教育部也组织开展了专题研讨等形式的学术会议，以增强英语教师对教学改革的认识，帮助他们转变教学思路，使高校英语教学工作的开展更符合国家和社会发展的要求。

另外，由于各地高校持续扩招，各高校对英语教师资源的需求也越来越大，高校英语教师原本的人数已经不能满足高校英语教学工作的正常开展，教与学的矛盾逐渐突出。高校英语教学师资力量短缺加之新课程改革对教学要求的提高使广大英语教师的学习任务、教学任务逐渐繁重，从而严重影响了教学效果。与此同时，教学经验丰富的资深老教师因无力承担过多的教学任务而纷纷退出教学一线，但刚刚踏上工作岗位的年轻教师又因为缺少严格的培训和实际教学经验，阻碍了整体教师队伍质量的提高。由此可见，高校英语教师在完成教学任务的同时，加强自身学习，积极开展学术科研工作，对改善教学水平和提升自身能力来说具有重要的现实意义。

综上所述，高校英语教学改革和互联网信息技术的发展对教师提出了更高的要求，教师的发展与自身角色的转变、素质和能力的提高息息相关。各大高校应注重对英语教师职业能力和职业道德的培养，为教师发展构建专业的培养体系，提供全方位的保障，鼓励教师以多种方式围绕教学质量的提高积极开展教学研究，鼓励教师参加国内外学术会议，促进院校间的交流和教师之间的学习与沟通，鼓励英语教师进行学术深造，提升科研素质和科研水平。与此同时，教师要树立终身学习的理念，及时更新自己在各方面的知识体系，提高自己的专业教学水平和教学能力，为高校教育事业的发展做出应有的贡献。

参考文献

［1］张乐平."互联网+"时代背景下大学英语教学改革与发展研究［M］.长春:
吉林大学出版社, 2019.

［2］徐道平,王凤娇,赵卫红.互联网时代下高校英语教学研究［M］.长春:
吉林人民出版社, 2019.

［3］王磊.互联网+背景下高校英语有效教学研究［M］.长春:吉林人民出版社,
2019.

［4］黄芳.新时代下高校英语阅读与词汇教学研究［M］.长春:吉林人民出版社,
2019.

［5］程亚品."互联网+"时代下信息技术与英语教学的深度融合［M］.天津:
天津科学技术出版社, 2019.

［6］杨艳.英语教学创新研究［M］.长春:吉林人民出版社,2019.

［7］杨鹏,骆铮.基于教育转型发展视阈下高校商务英语教学的创新研究［M］.
长春:吉林人民出版社,2019.

［8］赵丽.互联网背景下高校英语教育的创新发展［M］.长春:吉林人民出版社,
2020.

［9］童琳玲,祁春燕.演进与变革 网络环境下的英语教学研究［M］.北京:
团结出版社,2017.

［10］张瑜.互联网信息化背景下高职院校英语教学创新开展探究［J］.海外
英语,2022（4）:228-230.

［11］黄晓梅,田晓蕾.信息技术与大学英语课堂融合的"智慧"教学设计研
究［J］.大学,2022（2）:38-41.

［12］陈保红，单伟龙．“互联网＋”视阈下大学生自主学习能力培养研究——以大学英语为例［J］.中国电化教育，2021（12）:139-145.

［13］巴冬晴.信息技术对大学英语教学的系统化影响——评《互联网＋视域下大学英语教学的创新探索》［J］.中国科技论文，2021，16（10）:1160.

［14］王睿.“互联网＋”环境中大学英语教学的生态状况研究［J］.长春工程学院学报（社会科学版），2021，22（3）:99-102.

［15］陈露露.“互联网＋”信息技术与高中英语教学整合分析［J］.中国新通信，2021，23（16）:201-202.

［16］杜文华.“互联网＋”在中小学英语教学中的运用探究［J］.中国新通信，2021，23（15）:201-202.

［17］吕菁.“互联网＋”下学术英语多模态混合式教学模式研究［J］.海外英语，2021（12）:14-15.

［18］陈士芳.信息技术在英语教育中的应用——评《“互联网＋”时代下信息技术与英语教学的深度融合》［J］.中国科技论文，2021，16（6）:687.

［19］王理.“互联网＋教育”背景下高校英语教学策略研究［J］.教育理论与实践，2021，41（15）:56-58.

［20］魏华燕.“互联网＋”条件下英语课堂教学模式的构建与实践研究［D］.重庆：西南大学，2021.DOI:10.27684/d.cnki.gxndx.2021.003210.

［21］付小谧.“互联网＋”思维模式下高校英语教学策略探究［J］.湖北开放职业学院学报，2021，34（9）:158-160.

［22］张丹.“互联网＋”背景下大学英语评价体系的构建［J］.红河学院学报，2020，18（6）:144-146.DOI:10.13963/j.cnki.hhuxb.2020.06.036.

［23］程晓云.互联网信息技术与大学英语教学之融合概述［J］.英语广场，2020（32）:91-94.DOI:10.16723/j.cnki.yygc.2020.32.028.

［24］曹燕燕，董辉.“互联网＋”背景下英语教学的优化研究［J］.海外英语，2020（17）:164-165.

［25］张波.“互联网＋”背景下大学英语教学生态模式构建研究［J］.中国多媒体与网络教学学报（上旬刊），2020（9）:96-98.

［26］刘炜，林文娟.“互联网＋”时代大学英语教学评价新生态的建构［J］.考试与评价（大学英语教研版），2020（3）:80-83.

［27］胡江萍.“互联网＋”时代大学英语教师专业发展探究——基于多模态教

学模式的视角［J］.江西广播电视大学学报，2020，22（2）:60-65.

［28］崔悦敏.互联网背景下信息技术与英语教学资源整合初探［J］.人民教育，
2020（11）:79.

［29］周辉."互联网+"教育背景下大学英语教学生态模式的构建［J］.北京
城市学院学报，2020（1）:28-32，36.

［30］王少杰，孙海霞.基于"互联网+"思维的高校英语教学路径探析［J］.
通化师范学院学报，2019，40（12）:123-126.

［31］纪全艳."互联网+"环境下高校英语教师信息化教学能力提升策略研究
［J］.海外英语（下），2019（22）:142-143.

［32］蒋小玲.基于"互联网+"高职公共英语混合式教学研究［D］.长沙:
湖南师范大学，2019.

［33］袁莉."互联网+"时代英语生态课堂的建设［J］.教学与管理，2019
（24）:105-107.

［34］张元元."互联网+"时代的英语教学：机遇、挑战与应对［D］.镇江:
江苏大学，2019.

［35］刘堃."互联网+"时代英语生态课堂的构建［J］.教学与管理，2017
（36）:98-100.

［36］王静.我国高校外语教育信息化政策发展研究［D］.上海:上海外国语
大学，2018.

［37］赵丹丹."互联网+教育"背景下信息技术与大学英语课堂融合的教学设
计［J］.佳木斯职业学院学报，2017（2）:407.

［38］刘海霞."互联网+"背景下行业英语教学资源建设的研究［J］.现代教
育技术，2017（2）:58-63.

［39］杨丽.互联网+时代英语教学改革创新之力作——评《英语语言教学改革
与创新:互联网+教育探讨》［J］.大学教育科学，2016（4）:145.

［40］周桂方."互联网+"时代的大学英语教学模式研究［J］.英语广场，
2016（2）:86-88.

［41］王丽丽，杨帆."互联网+"时代背景下大学英语教学改革与发展研究［J］.
黑龙江高教研究，2015（8）:159-162.

［42］隋晓冰.网络环境下大学英语课堂教学优化研究［D］.上海:上海外国
语大学，2013.

［43］谢宝清.高校英语教育教学的多元化发展研究——评《高校英语教育教学理论与实践研究》［J］.科技管理研究，2022，42（4）:246.

［44］朱锦霞，朱长贵.多元文化视域下高校英语教育教学探索——评《高校英语教育教学理论与实践研究》［J］.热带作物学报,2021,42(9):2845-2846.

［45］李群.语用学教育理论对高校英语教育教学的指导［J］.食品研究与开发，2021，42（15）:242-243.

［46］沈冰洁.新形势下高校英语教学方法研究——评《高校英语教育教学理论与实践研究》［J］.教育发展研究，2020，40（4）:87.

［47］王歆.多元化视域下高校英语教育教学改革研究——评《高校英语教育教学理论与实践研究》［J］.教育发展研究，2020，40（1）:85.

［48］伍婷婷.新时代大学英语教育教学理论与实践研究——评《高校英语教育教学理论与实践研究》［J］.新闻爱好者，2019（11）:105-106.

［49］郭金秀.专业认同理论视角下地方高校英语教育专业人才培养策略的构建［J］.黑龙江高教研究，2018（1）:148-152.